Los discursos lacanianos
y las dramaturgias

Gustavo Geirola

Los discursos lacanianos
y las dramaturgias

 Argus-*a*
Artes & Humanidades
Arts & Humanities

Buenos Aires, Argentina - Los Ángeles, USA
2022

Los discursos lacanianos y las dramaturgias

ISBN 978-1-944508-45-6

Ilustración de tapa: fotógrafo desconocido, gentileza de unsplash.
Diseño de tapa: Argus-*a*.

© 2022 Gustavo Geirola

All rights reserved. This book or any portion thereof may not be reproduced or used in any manner whatsoever without the express written permission of the publisher except for the use of brief quotations in a book review or scholarly journal.

Editorial Argus-*a*
1414 Countrywood Ave. # 90
Hacienda Heights, California 91745
U.S.A.
argus.a.org@gmail.com

A la memoria de Osvaldo Pellettieri

ÍNDICE

Prólogo mínimo   i

Introducción   1

De Saussure a Lacan, del signo al significante   5
¿Qué es un discurso?   13
Algunos ejemplos sobre la teatralidad y los discursos   16

Los cuatro discursos de Lacan   21
  El Discurso del Amo   25
    El discurso del Amo y la dramaturgia de autor   28
  El Discurso de la Universidad   30
    El discurso de la Universidad y la dramaturgia de director   31
    El discurso de la Universidad y la formación actoral   34
    El discurso de la Universidad y la creación colectiva   35
  El Discurso de la Histérica   38
    El discurso de la Histérica y la creación colectiva   40
    El discurso de la Histérica y la dramaturgia de director   43
  Pequeño excurso sobre el saber   44
    El seudo-discurso capitalista   47
  El Discurso del Analista   49
    El discurso del Analista y la dramaturgia de actor   51

La dramaturgia de actor y la creación colectiva   57

La dramaturgia de actor y el teatro de intensidades o de la multiplicación   65

Interludio sobre el psicodrama   69

El teatro de la intensidad o de la multiplicación   75

Bibliografía   79

ADENDA   85
La creación colectiva y el teatro creativo
en la perspectiva de Platon Michailovic Keržencev
y la Revolución Rusa

Prólogo mínimo

En el año 2011 se publicó en el Vol. 1, No. 2 de la revista Argus-*a* Artes y Humanidades/Arts & Humanities, el ensayo "Los cuatro discursos lacanianos y las dramaturgias"; era un largo trabajo que ahora publico en forma de libro, con algunos mínimos agregados y retoques. Motiva esta publicación el entusiasmo de algunos colegas que me sugirieron la idea de hacerlo circular en forma de libro.

Dediqué en aquel entonces ese artículo a la memoria de Osvaldo Pellettieri, en virtud de su fallecimiento justo cuando estaba por publicarse mi ensayo. Mantengo hoy la dedicatoria porque Osvaldo Pellettieri, más allá de nuestras diversas perspectivas en muchos aspectos relativos al teatro y a la teoría, siempre tuvo la amabilidad de alojar en sus publicaciones mis trabajos, fuera en libros o en su revista; también siempre solía invitarme regularmente a los congresos de su grupo GETEA, a los que pude asistir en algunas ocasiones. Una vez más, este libro conmemora su nombre y su obra.

No he procedido a actualizar o expandir ciertas cuestiones relativas al psicoanálisis y la praxis teatral, aunque en este texto que el lector tiene en sus manos ya se perciben en germen muchas cuestiones que trabajé más al detalle y en extenso en otras publicaciones posteriores. Por tal razón, el lector verá que en notas y bibliografía he agregado algunas referencias a escritos publicados después del 2011. En esos textos se amplían aspectos cruciales de la praxis teatral, esa disciplina que vengo intentando conceptualizar desde hace más de veinte años a partir de mi propia praxis teatral, esto es, como director y no como investigador teatral.

En el año 2008 publiqué un ensayo sobre la creación colectiva durante la Revolución Rusa; esa investigación me llevó bastante tiempo de lecturas e exploración. Se dio a conocer en una revista que ya no está disponible en la red y, por ello, como en este libro se habla sobre la creación colectiva en América Latina, me pareció que era el momento de rescatar aquel artículo sobre los antecedentes de dicha metodología de trabajo teatral. Este ensayo, crucial para la historia de mi propia reflexión sobre lo teatral, da cuenta de muchas cuestiones hasta hoy irresueltas en el campo del teatro; sin duda, se trata de aspectos que me sirvieron de pistas de despegue (en el sentido aéreo y en el sentido de tomar distancia) para mi praxis teatral. Por estas razones, me pareció adecuado agregarlo a esta publicación como adenda.

 Seguramente el lector sabrá abultar los temas desarrollados en este libro a partir de su propia práctica, la de su oficio y, con suerte, de su propia praxis teatral, si es que se ha animado ya a trabajar desde los conceptos psicoanalíticos, particularmente los lacanianos.

Gustavo Geirola
Los Ángeles, 10 de agosto de 2022

Introducción

En el campo de los estudios teatrales solemos distinguir al menos cuatro posibilidades de trabajo que designamos con el nombre de "dramaturgias"; dispuestas en un orden sólo aparentemente diacrónico—aunque todas vigentes—son:

- Dramaturgia de autor
- Dramaturgia de director
- Creación colectiva
- Dramaturgia de actor[1]

Cada una de estas posibilidades del hecho teatral tiene sus propias regulaciones. La figura del dramaturgo, por ejemplo, puede darse en cualquiera de ellas pero, sin embargo, su importancia y su forma de trabajo y hasta la impronta de su poder varía de una a otra de las cuatro modalidades. El autor de la obra va perdiendo su dominio sobre el espectáculo en la medida en que la puesta en escena va autonomizándose del texto dramático e intentando convertirse en una disciplina o un arte completa-

---

[1] Usualmente, se incluye la dramaturgia de actor en el campo de la creación colectiva. Sin embargo, como se verá más adelante, tendremos que hacer aquí un deslinde, a fin de identificar otra posibilidad de la dramaturgia de actor tal como, por ejemplo, se desarrolla hoy en América Latina, especialmente Argentina, a partir de Eduardo Pavlovsky, Ricardo Bartís, entre otros. A los efectos de esta enumeración y en gran parte de este trabajo, hemos pensado la creación colectiva tal como habitualmente se la entiende en América Latina, es decir, como un método que, según Pavis—y no sin ciertos errores, como veremos más adelante desde la perspectiva de Enrique Buenaventura—se desarrolla a partir de los años 60 del siglo XX; mayormente ligado a lo experimental, fue concebido para superar la tiranía del dramaturgo, del su texto, y del director, quienes tendieron a monopolizar el poder y a hacer todas las decisiones estéticas e ideológicas (*Dictionary of the Theatre* 62). La creación colectiva resulta así "[a] production not created by a single person (playwright or director) but developed by an entire theatrical company" (Pavis 62). Al plantear la diferencia entre *collective creation* y *creative collective*, a partir sobre todo de la mediación de Brecht, Pavis no puede más que plantear, frente a la idea de lo colectivo, la idea de sujeto (Pavis 63). Como lo sabe el psicoanálisis, puede haber muchos individuos (en el grupo teatral o en el público), pero eso no garantiza que haya muchos 'sujetos'.

mente separado y diferenciado de la literatura, en la que habitualmente incorporamos las obras como género teatral. Sin embargo, sin atenerse necesariamente a lo verbal, en todos los casos el teatro se sostiene en tanto arte complejo y, en consecuencia, no se desentiende de definir una poética que, si bien no aferrada a la palabra, no logra independizarse del significante, no puede realizarse sin el significante. Como convergencia de lenguajes y tendencias estéticas diversas, la consistencia del teatro requiere de la materialidad del significante, no necesariamente verbal. Cualquiera sea la dificultad de definir semióticamente unidades discretas en lenguajes no verbales—el fracaso de la semiótica teatral, en este sentido, ya es de todos conocido—lo cierto es que el concepto de significante, alejado de su definición saussureana, todavía puede resultar útil para acercarnos al teatro, no ya para analizar un texto espectacular—como intentó infructuosamente la semiótica—sino para abordar el trabajo concreto del teatrista (sea actor, director, dramaturgo y todo eso a la vez.) en el ámbito específico de su praxis: el ensayo teatral. En efecto, entre el análisis del texto dramático y el análisis del texto espectacular media una zona que no ha sido pensada todavía como un campo capaz de formularse conceptualmente, en su propia especificidad. Esa zona y a lo que allí ocurre es el campo de trabajo e intervención de lo que he denominado "praxis teatral", que no coincide con aquello que podemos englobar como 'institución-teatro', ese conjunto de teorías, técnicas, dramaturgias y, por su puesto, obras que nos vienen de una larga tradición teatral en Occidente, particularmente desde las marcas a fuego dejadas por la *Poética* de Aristóteles y, más tarde, por las reelaboraciones que impuso la Modernidad a partir del siglo XVI.

La conceptualización lacaniana del significante, tal como se despliega en su enseñanza temprana,[2] puede abrir una serie de cuestiones en el campo teatral, más allá de que dicha conceptualización pueda aportar sus contribuciones laterales al estudio del texto dramático y del texto espectacular.

---

[2] No vamos a trabajar en este libro el giro que Lacan hace en el *Seminario 20* hacia la concepción del signo de Charles Sanders Pierce.

En efecto, el significante, tal como lo conceptualiza Lacan, se involucra sistemáticamente con otros conceptos psicoanalíticos —el deseo, la verdad, el inconsciente, la transferencia, el objeto *a* y sobre todo el sujeto— que permiten abordar una serie de cuestiones aún no teorizadas del *trabajo* y la producción teatral. Es probable que estas cuestiones no interesen demasiado al estudioso tradicional del teatro, pero ellas son ineludibles para el teatrista, ya que éste tiene que habérselas con la producción del espectáculo, con ese proceso de trabajo que implica múltiples aspectos y dificultades muchas veces ignoradas por los académicos.[3] No hay que olvidar la relación entre arte y creatividad cuya sede parece ser incontestablemente el inconsciente.

El texto dramático, que en tanto literatura puede ser abordado por un estudioso del teatro como una entidad en cierto modo constante, permanente, definitiva, va a tener para el teatrista una existencia muy contingente, muy eventual, es decir, ese texto puede no suceder en la escena tal como está escrito y, además, su escenificación depende de circunstancias diversas que ineludiblemente modificarán en todo o en parte el sentido del texto. El testimonio escrito de directores y actores, a lo largo de la historia, está plagado de cuestiones relativas a la fidelidad o autonomía de la puesta en escena respecto del texto dramático y da cuenta también de un conflicto, casi siempre irresuelto, sobre la autoría del espectáculo y la construcción del personaje. En ese caldero, en ese crisol del ensayo, como espacio de la creatividad y producción escénicas, se debate la cuestión del sentido del espectáculo y, obviamente, la del crítico tema de la (re)presentación o interpretación del texto, que no es más que una discusión, no siempre realizada de la mejor manera, sobre la *verdad* de un texto.

Esa fragua conocida como el ensayo teatral, que empieza mucho antes de la reunión del elenco y termina mucho después del estreno, no ha recibido atención teórica y, salvo las experiencias de los teatristas— cuando han procedido a la escritura de las mismas—ha resultado de poco

---

[3] Ver las entrevistas a directores latinoamericanos residentes en todas las Américas en los seis volúmenes de *Arte y oficio del director teatral en América Latina* que he publicado en diversas fechas. También puede consultarse el libro *¡Todo a pulmón! Entrevistas a diez teatristas argentinos* co-editado con Lola Proaño.

interés para la academia. Incluso más: hay conceptos que, al pasar del saber-hacer del teatrista al discurso universitario, registran una transformación con consecuencias, en muchos casos nefastas, para el concepto mismo y para la praxis teatral. Así, por ejemplo, un concepto como el de "performance", elaborado a partir de un encuadre preciso por un teatrista de la talla de Richard Schechner, es posteriormente reciclado por los estudios culturales y *aplicado* por estudiosos de diversas disciplinas, una vez que han logrado enajenarlo totalmente de su íntima consistencia en el proceso de trabajo del teatrista y las condiciones materiales de producción de un evento espectacular. Como veremos, este tipo de robo de saber es parte de lo que Lacan llamará el discurso del Amo, salvo que hoy es la universidad la que se encarga de hacerlo, de ahí la complicidad del discurso de la Universidad con aquél y, posteriormente, con el seudo-discurso capitalista.

Nuestro interés en este ensayo es trabajar desde la perspectiva y necesidades específicas del teatrista en el ensayo teatral (sea un director, un actor, un dramaturgo) y abordar aspectos que están en juego (no siempre con las reglas claras) en las cuatro dramaturgias que enumeramos al principio.

De Saussure a Lacan, del signo al significante

Lacan va a llevar el significante más allá de la arbitrariedad con la que ya lo había marcado Saussure en el *Curso de Lingüística General*. En efecto, en Saussure —que distingue 'lengua' (*langue*) y 'habla' (*parole*, traducido luego como 'palabra' en el corpus lacaniano)— el significante no representa la 'cosa' o el objeto, sino que manifiesta o *expresa* un 'concepto', un significado, por medio de una serie de fonemas organizados —el significante— según las reglas de la lengua en la que el signo tiene lugar. Para Saussure el significante—huella sonora[4]—representa al significado, tal como se desprende del famoso esquema en que la palabra ÁRBOL está sobre una barra que la separa de la idea de árbol y a la vez la une al dibujo de un árbol, ambos términos (significante y significado) englobados por un círculo —Saussure usa la metáfora monetaria, habla de "acuñar", las famosas "dos caras de la misma moneda"— que los contiene y los unifica como *signo*, más dos flechas invertidas que intentan sostener la ilusión de una correspondencia biunívoca, como si hubiera entre ellos una perfecta simetría, como si uno se reflejara en el otro.

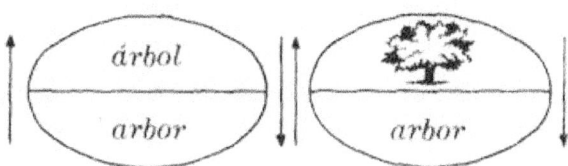

---

[4] La idea de 'huella' abre una interesante puerta a la investigación entre lingüística y psicoanálisis, y por esa vía debería llevarnos a reconsiderar el tema de la memoria en nuestra praxis teatral; Freud habló de 'huella psíquica' y escribió un ensayo estupendo— "El block maravilloso" (1924)—que ha merecido muchas lecturas. Lacan retomará varias sugerencias freudianas, sobre todo las de la famosa *Carta 52* de Freud a Fliess; particularmente, en próximas investigaciones nos interesará explorar los objetos *a*, sobre todo la mirada y la voz, en su relación con lo pulsional, el cuerpo y lo real cuya base ya no es lo que conocemos como 'lingüística', sino lo que Lacan bautiza en el *Seminario 20* como su 'lingüistería' o 'lingüi/steria'.

Lacan va a transformar completamente esta aproximación y va a dar lugar a su famoso algoritmo S/s, donde desaparecen los círculos, las flechas, donde el significante está arriba de la barra, que ya no supone lo biplánico, sino una barra resistente a la significación; el significado, como puede verse, es efecto del significante y, por ello, Lacan lo escribe con una 's' minúscula y en bastardilla. Si el esquema saussureano es 'representacional', el algoritmo lacaniano es operacional en el campo de la lógica del significante.

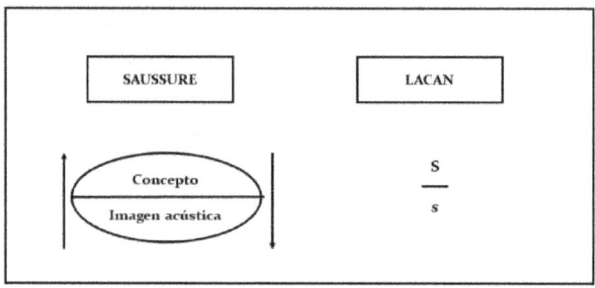

Lacan nos muestra que la lengua no podría estar construida de esta manera, es decir, por un conjunto de *signos*, donde el significante y el significado se mantienen unidos y de alguna manera estables, ya que es justamente en la palabra, en el habla, donde un significante puede admitir cualquier significado. Lacan parte del hecho de que la significación se desliza por debajo del significante, que no hay unidades inmutables y que es justamente la cadena de significantes la que da cuenta de la significación y lo hace en sentido retroactivo, es decir, de atrás hacia adelante, donde el último significante puede cambiar el sentido total de la cadena y obviamente de cada significante. Por eso, tal como lo vemos en "La instancia de la letra en el inconsciente, o la razón desde Freud", escrito a partir de una charla de 1957 e incluido en sus *Escritos*, el esquema saussureano se convierte en Lacan en el algoritmo S/s. A partir de ahora el significante no está unido, fijado, a un significado, sino que, dejando de "representar" al significado como pre-existente, tal como lo piensa el idealismo, lo *produce* de acuerdo a su lugar en la cadena significante. La significación ya no es única; por el contrario, se torna ambigua, equívoca, dependiendo del proceso de la cadena significante. Lacan irá tan lejos como decir que la comunicación es un malentendido, poniendo en crisis ese famoso esquema jakobsoniano de las funciones del lenguaje donde un emisor envía un mensaje a un receptor que, si comparten el mismo código y no hay dificultades en el canal, ambos coinciden en el sentido de dicho mensaje. Para Lacan, amén de la diferencia entre oír y escuchar, ocurre algo diferente: un desajuste en cuanto al sentido, es decir, de un malentendido. En Lacan se trata de la idea de una cadena significante formada por anillos que se abren a otros anillos ("anillos cuyo collar se sella en el anillo de otro collar hecho de anillos" [*Escritos I* 469]); pero cuya linealidad no debe hacernos pensar que el sentido proviene de una acumulación de significantes, de una sumatoria, o incluso no debemos pensarlo como un efecto o como un resultado de dicha linealidad. No tenemos que perder de vista el hecho de que hay en el discurso—esa dimensión que está en el Otro, más allá del habla, de la palabra y que la excede—una polifonía que emerge como de una partitura formada por varios pentagramas tal como lo demuestra la concepción saussureana del anagrama (más próxima a la letra, a la escritura y obviamente no correspondiendo a la perspectiva institucionalizada por el *Curso de Lingüística General*). Esto le permite a Lacan pensar la cadena significante como diciendo incluso más de lo que se quiere decir, y hasta diciendo incluso otra cosa de lo que se quiere decir (*Escritos I* 470).

Lo que retiene Lacan de Saussure es la idea de una diferencia, como en el sistema fonológico —un significante se diferencia de otro por algún rasgo, lo que se conoce como el principio diacrítico, es decir, un fonema es lo que los otros no son; Lacan también introduce la idea de que el sentido se produce retroactivamente, ya que un nuevo significante agregado puede cambiar la significación de todos los anteriores y de la cadena como tal. Incluso en su repetición, el significante es siempre otro, de modo que no podemos hablar de ninguna identidad (estable) del significante. Ni siquiera en la tautología ("la vida es la vida" o "yo soy yo") el primer significante, al repetirse en el predicado, ya no es el mismo. De igual modo, invocando lo que suelen decir algunos teatristas, no hay lugar para la tautología del tipo "mi puesta en escena es mi puesta en escena", donde la segunda puesta ya no es la primera. El lenguaje aparece como una red de remisiones múltiples de significante a significante y el sentido de la cadena no reside en ninguno de los significantes implicados, ya que la significación de cada uno de ellos es, en cierto modo, flotante, dependiente de su lugar en dicha cadena y de la relación contextual con otros significantes: "puede decirse que es en la cadena del significante donde el sentido *insiste*, pero que ninguno de los elementos de la cadena *consiste* en la significación de la que es capaz en el momento mismo" (*Escritos I* 470). No obstante, hay que tener presente que en el caso por caso de cada cadena de significantes, hay que pasar por el registro simbólico del lenguaje, el famoso Otro con mayúscula, como tesoro de los significantes, para medir la diferencia de sentido con el código en el enunciado de un analizante.

Lacan va a sostener, a partir de lo anterior, que no hay un sentido previo, como existiendo fuera del significante, que estaría en la mente de un sujeto —como poseedor del sentido— y que luego hallaría en el significante solamente el mero apoyo material para representarse y expresarse. Esta idea subyace a múltiples afirmaciones de los teatristas, incluso los más sagaces, y los lleva a caminos sin salida en sus elucubraciones sobre su praxis y, además, produce estragos y tiene nefastas consecuencias a nivel de cómo conciben su trabajo. Es que esta idea es un residuo del idealismo muy difícil de descartar. Para muchos teatristas, un espectáculo surge de una idea (texto dramático, tema, etc.), un supuesto saber que la puesta en escena va a 'representar'. Es el típico esquema de la institución-teatro. La praxis teatral, como veremos, parte del saber-no-sabido del inconsciente e instala una puesta en escena de sentidos multiplicados que, a lo sumo, contornea una idea o muchas a partir de imágenes enigmáticas o cifradas, no necesariamente crípticas. Si hay un sentido, una 'verdad', es porque surge del juego de los significantes y el sujeto es justamente efecto del significante: hay sujeto solamente cuando la palabra está articulada y este sujeto (que no es un individuo) no necesariamente sabe lo que dice. El sujeto adviene, precisamente, como un vacío entre un significante para otro significante, $S_1 \rightarrow S_2$. No es, pues, ni individuo ni persona. Las operaciones de combinación —metonimia— y sustitución —metáfora— de y entre significantes, respectivamente, nos permiten captar la forma en que el enunciado promueve el sujeto. Bastaría poner el ejemplo del lapsus lingüístico para darnos cuenta de que, en ese momento en que el hablante quiere decir algo, alguien habla por él y dice otra cosa inesperada, sorpresiva; allí donde debería aparecer un significante adviene otro, inesperado, sorpresivo para el hablante mismo; percibimos de este modo hasta qué punto el sujeto, más que hablar —con el sentido de la voz activa— es hablado por Otro. La conciencia, pues, no puede ser concebida como poseedora del sentido, ya que es superada por otra instancia que la rebasa: el inconsciente. El oficio teatral, por lo tanto, es una rutina en la institución-teatro, aunque tenga logros artísticos notables; la praxis teatral se orienta en otra dirección cuando explora la creatividad en la dimensión del inconsciente; por ello, no hay posibilidad de aplicar recetas o conceptos, ni siquiera los del psicoanálisis, cuando se trabaja en la praxis teatral.

Consecuentemente, todo enunciado está en cierto modo cifrado para el hablante mismo, tornándose así en un sujeto dividido —que Lacan escribe como $ [S barrado]— y la 'verdad' de lo que dice es efecto de la palabra cuando es captada por otro. La palabra del analizante, su habla, su 'discurso concreto' es el *medium* del psicoanálisis (*Escritos I* 240); es una palabra que "llama a una respuesta" (*Escritos I* 241), que se dirige a un oyente, aunque éste no responda, aunque el analizante no encuentre más que el silencio. Es por esta palabra dirigida al otro que el sujeto asume su historia, lo cual nos lleva otra vez al sujeto dividido que no sabe todo lo que dice ni puede recordar todo su pasado.[5] La "verdad' es justamente eso reprimido de lo que nada se quiere saber —por eso está reprimida, porque es insoportable para el sujeto. La verdad se instala a nivel de esa falta, ese hueco que, de todos modos, insiste afectando la continuidad de la cadena significante, mediante rupturas, fracturas, suspensiones, traspiés, silencios. Ese 'yo' de la conciencia se debate en el desconocimiento de sí, de su verdad, aunque actúe como amo del sentido, como si supiera todo lo que dice. Y con esto cae también aquello de la ilusión referencial, en el sentido

---

[5] En lenguaje coloquial, los teatristas (¡y hasta los investigadores del teatro!), suelen decir esto cuando afirman, con diverso grado de variación, que "el sentido del espectáculo lo completa el público", lo que no es totalmente correcto, desde una perspectiva lacaniana de la praxis teatral. Complementar no es suplementar. El litoral que separa a la escena del público requiere de puntuales investigaciones, sobre todo si se las trabaja desde las fórmulas lacanianas de la sexuación.

de que el discurso tendría algún tipo de adecuación a las cosas, a la realidad. Esta ilusión de saber, esta ilusión de autoría queda ahora relativizada a recibir el sentido en forma invertida, es decir, a partir de la escucha del otro/Otro. Por eso Lacan limitará la referencialidad entre los significantes al afirmar que un significante es lo que representa un sujeto para otro significante. El sujeto lacaniano no es un organismo ni tampoco se corresponde al yo psicológico. Porque es el resultado del juego significante; Lacan gustaba decir que el sujeto se encuentra en *entredicho*, siempre localizado en ese espacio inasible abierto por los significantes y sin poder *ser* ninguno de ellos; una manera de representar esto algebraicamente es mediante la fórmula $S_1 \rightarrow S_2$, operación que, como veremos, deja un resto irrecuperable, que Lacan designará como objeto *a*, para indicar ese goce prohibido, inaccesible, innominable.

El lenguaje, el registro simbólico, que Lacan escribe como A [*Autre*=Otro], que antecede a la entrada del individuo en él, que lo espera y hasta lo sobrevive —en la forma del nombre propio o apellido paterno en nuestra cultura— no puede recubrir todo lo Real, está como desprendido de las cosas; si hay una referencia para un significante es sólo otro significante. Tenemos así una diferencia conceptual entre 'realidad' (palabra siempre a flor de boca de los teatristas) y lo Real. La realidad es una construcción discursiva, fantasmática del yo, precisamente para defenderse de lo Real, ese malestar al que no logra vestir, recubrir con imágenes, apalabrar, ese Real, ese goce que, sin embargo, ha sido causado por la inscripción mortífera del significante y del Otro a fin de capturar a la cría humana como miembro de la sociedad. Lo Real es ese resto que cae como resultado de la renuncia del sujeto a satisfacciones no permitidas por el Otro y que, por eso, es un Real que está en la base de la repetición, en tanto el sujeto siempre quiere, y siempre infructuosamente, recuperar. Lacan se refiere al 'discurso del Otro' para señalar ese reservorio de significantes y combinaciones ya más o menos estabilizadas que anteceden a la entrada del individuo en él; el Otro, como lenguaje tiene, de ese modo, una dimensión transindividual, término que Lacan también usará para referirse al inconsciente, evitando el uso del vocablo "colectivo", que supone el signo y no el significante. El signo representa algo para alguien, en cambio el significante representa a un sujeto para otro significante. De ahí que el inconsciente colectivo, por ejemplo en Jung, parece estar más afiliado al concepto saussureano de lengua y signo, como entidades estables y unívocas y, consecuentemente, nada tiene que ver con la aproximación freudo-lacaniana basada en el significante.[6] La perspectiva lacaniana del significante y del inconsciente no podría admitir el adjetivo "colectivo", porque para Lacan el inconsciente (ya hasta el lenguaje) es 'parroquial', esto es, nada universal ni esencial ni escondido o latente, ni ahistórico, sino justamente lo contrario: es el inconsciente de un grupo o una comunidad en el aquí y ahora de su existencia. Cada grupo teatral tiene 'su' inconsciente y para tal no hay ningún diccionario de símbolos que ayude.

Lacan barrará también al Otro [A barrado, Ⱥ], porque allí también hay una falta que, en elaboraciones posteriores, se engarzará al objeto *a* y al registro de lo Real. Tampoco hay en ese Otro un significante que pueda decidir el sentido de todos los demás —a la manera de una aproximación teológica— y que otorgue un sentido definitivo a cada significante, lo que plantea como las supuestas 'garantías' que el Otro estaría destinado a proveer y, obviamente, nunca provee. Por eso, todo esto lleva a Lacan a decir que "no hay metalenguaje", es decir, no hay un lenguaje que fije el sentido de otro lenguaje previo. Lo que hay en el Otro es un significante en menos, una falta que justamente es la que permite el constante movimiento de todos los significantes, la continua ambigüedad, el incesante deslizamiento del sentido por debajo del significante. Y también hay que mencionar el falo, no como órgano o como privilegio de lo masculino sobre lo femenino, sino como "el significante de la falta en el Otro', esa falta en lo simbólico sin la cual el sujeto no podría advenir. Esa falta indica que hay un 'deseo del Otro' que causa el deseo del sujeto, falta en el sujeto.[7]

---

[6] Los psicoanalistas han discutido mucho el tema del significante en la obra de Freud y algunos han tratado de rebatir a Lacan; sin embargo, basta acercarse a *La interpretación de los sueños*, a *Psicopatología de la vida cotidiana* o *El chiste y su relación con el inconsciente*, estas tres obras mayores de Freud, para darse cuenta de la relevancia del significante en el psicoanálisis freudiano.

[7] La cuestión del falo como significante privilegiado en el registro simbólico concebido como una batería de significantes, ha traído enormes controversias. ¿Qué diferenciaría al falo como significante de los otros significantes? No es éste el lugar de explayarnos sobre esta cuestión.

Este planteo —si se quiere anti-teológico— es también una manera de plantear la imposibilidad de fijar el significado para cada significante, es decir, la clausura de toda pretensión de poder sobre los significantes a fin de hacerlos significar unívoca y universalmente. Sin embargo, el registro simbólico, el Otro, tiene por otra parte una cierta estabilidad —diccionarios que hay que revisar con cierta periodicidad— que es lo que permite consecuentemente medir la variación, el desvío, el equívoco producido por lo imaginario. El Otro es también concebido por Lacan, en parte siguiendo a Saussure, como un tesoro, inestable y abierto.

El sujeto del psicoanálisis está dividido y la barra que Lacan pone sobre la S, $, que escribe de esa manera la castración simbólica, es lo que le permite plantear la cuestión del deseo. Aunque no vamos ahora a detenernos en la larga elaboración lacaniana del objeto *a*, primero como objeto, como meta del deseo y más tarde como causa del deseo y plus-de-goce, ni tampoco a detallar sus planteos sobre el estadio del espejo y el modelo del florero y luego del ramillete invertidos,[8] vamos no obstante a subrayar cómo la barra es lo que impide al sujeto alcanzar el objeto de su deseo, su verdad; el deseo es siempre deseo de un objeto perdido para siempre; el deseo es siempre falta, una carencia que no se puede colmar. El sujeto se las arregla, sin embargo, para darse algún tipo de satisfacción temporaria por medio de objetos sustitutos del objeto perdido; se trata de una operación metafórico-metonímica por la que se desliza el deseo sin alcanzar su satisfacción o goce pleno. Hay, pues, algo perdido para siempre, porque el significante no puede representar al sujeto en su totalidad, siempre hay una pérdida, una falta-en-ser que el álgebra lacaniana escribe como objeto *a*. El objeto *a*utre o el otro como objeto se da como meta del deseo en la primera enseñanza lacaniana y luego como causa del deseo, sobre todo a partir del *Seminario 10 La angustia*. El deseo es siempre deseo de recuperar esa parte faltante; el objeto *a* será concebido más tarde por

---

[8] Para las relaciones entre estos conceptos lacanianos y la praxis teatral, ver mi "Aproximación lacaniana a la teatralidad del teatro: desde la fase del espejo al modelo óptico. Notas para interrogar nuestras ideas cotidianas sobre el teatro y el realismo". Recientemente he publicado un largo ensayo bajo el título "Interpretando el adjetivo 'áfono' en relación a la voz como objeto a", donde me explayo más puntualmente sobre estas cuestiones.

Lacan como órgano, como partes desprendibles del cuerpo que no se pueden reintegrar: el seno, las heces, la mirada, la voz, y eso llevará a Lacan a complejas elaboraciones sobre lo anal, la pulsión escópica y la pulsión invocante. El fantasma, planteado por la fórmula $\$ \lozenge a$, funcionará como pantalla que regula el acceso del sujeto al objeto *a*, al goce, y de alguna manera lo rescata de la deriva por los significantes, de la alienación al goce del Otro que podrían hacerlo desaparecer en tanto sujeto, que podrían hundirlo en el goce, llevarlo a la muerte.

¿Qué es un discurso?

Con esta brevísima introducción, ajustada, siempre a riesgo de inexactitud y, lo que es peor, de injusticia a un trabajo tan minucioso, tan delicado y extenso como el de Lacan, podemos intentar entrar en materia: los cuatro discursos y su aporte a la dramaturgia.[9] Lacan va a plantear el discurso como "una estructura necesaria que excede con mucho a la palabra, siempre más o menos ocasional" (*Seminario 17* 10), y en la medida en que éste "puede subsistir muy bien sin palabras" (*Seminario 17* 10). El discurso lacaniano es lo que hace lazo social, y cada discurso instala un tipo de ejercicio del poder, del saber y del goce. En efecto, basta pensar en el diseño de la sala a la italiana, por ejemplo, para darse cuenta de que, mucho antes de iniciarse la obra, ya hay un discurso instalado en el tipo de teatralidad, en la política de la mirada involucrada en dicha teatralidad del teatro (Geirola "Aproximación"). Lo mismo ocurre en cualquier disposición espacial educativa: en un aula tradicional tenemos un escritorio, detrás una pizarra y enfrente un número determinado de bancos o sillas. Hay silencio, nadie habla, pero el Otro ha instalado allí su discurso educativo. En ese *lugar* dado, con una serie de ventanas, puertas, con cuatro paredes y ciertas medidas fijas, se pueden construir diversos *espacios*[10] y cada

---

[9] Más adelante haremos referencia a un seudo discurso, una modalidad o estilo del discurso del Amo, que Lacan incorpora en 1972 y al que denomina "discurso capitalista".

[10] Es constante la confusión que los teatristas generan cuando usan "lugar" y "espacio" como nociones ideológicas, con sentido vulgar, y no como conceptos precisos. Para esta confusión y otras, ver mi libro *Sueño. Improvisación. Teatro. Ensayos sobre la praxis teatral*.

uno de ellos responderá a un tipo de discurso. El lugar —aunque obviamente responda a un discurso arquitectónico previo— no se altera materialmente, queda como dado, pero el espacio —en tanto relaciones discursivas de saber/poder— se construye y su consistencia es, en última instancia, política, por lo tanto, subvertible. Muchos espacios, concebidos como relaciones, pueden construirse, producirse en un mismo lugar.[11] El discurso diseña, como veremos con los cuatro discursos lacanianos, posiciones puntuales para la trasmisión del saber y del conocimiento, y estrategias para (no) vérselas con el saber y la verdad. Siguiendo con el ejemplo del aula, digamos que los llamados "estudiantes" entran y van directamente a los bancos; alguien entra y se para entre el escritorio y la pizarra. No ha dicho nada todavía, pero los estudiantes se aprestan a tomar notas. Lo que diga el "profesor" (rol que le es otorgado y avalado por la institución a alguien que ocupa ese espacio entre el escritorio y la pizarra) es asumido como "verdadero" y sus garantías están en los protocolos institucionales de contratación de personal educativo. Nadie sabe 'quién' garantiza esos protocolos, o supone que son protocolos ya garantizados, pero lo cierto es que no hay garantías. Podría tratarse de una persona escapada de un hospital psiquiátrico que, de pronto, tuvo el impulso de entrar al aula, sentarse en el escritorio magisterial y decir algo. ¿Qué pasaría si el docente entrara y se sentara en un banco? ¿Qué pasaría si un estudiante se parara entre el escritorio y la pizarra? Nadie ha hablado todavía, pero sin embargo el discurso está allí funcionando a pleno. Sea como sea, resulta por lo demás curioso que, en ningún taller de teatro donde se imparten técnicas de actuación, los participantes y el maestro no se interroguen sobre estas cuestiones: ¿qué discurso está allí silencioso antes de que empiece el ensayo, la escena, la obra? ¿Acaso la misma escena podría admitir significaciones variables según el tipo de política de la mirada que la

---

[11] Esto abre a la cuestión, que no podremos tratar en este ensayo, de la praxis teatral y las estructuras freudianas en Lacan: neurosis, perversión y psicosis, como máscaras construidas por el proyecto o diseño discursivo de puesta en escena dirigida a un sujeto, el espectador, que no hay que confundir con el individuo y el público que finalmente viene a ver la función. Ver mis ensayos "El director y su público: la puesta en escena y las estructuras espectatoriales", "Praxis teatral y puesta en escena: la psicosis como máscara espectatorial en el ensayo teatral", primera y segunda partes.

afecte? ¿Qué pasaría si un espectador se sentara en el escenario o en algún sitio que "no lo esperaba"? Los teatristas asumen la teatralidad *naturalmente*, como si se tratara de una determinación que no tuviera impactos políticos, como si lo político estuviera solo "expresado" sobre el escenario sólo en el contenido de la obra o en la puesta en escena, y como si la teatralidad del teatro no fuera una entre otras, como si fuera una fatalidad, como si no hubiera otras maneras de mirar y darse a ver. Se obsesionan tanto con la obra, con el tema, con la originalidad del montaje, que olvidan que—hagan lo que hagan—todo carecerá del efecto adecuado si se descuida trabajar la teatralidad, la política de la mirada desde la que se dará ver ese espectáculo. Es más, en muchas propuestas el tema o sentido de la obra está en contradicción con los protocolos perversos de la institución-teatral: me refiero a obras con propuestas emancipadoras que, no obstante, ceden a la violencia instalada por el discurso de la teatralidad del teatro (público en silencio y oscuras, obligado a la inmovilidad de una butaca y puesto en posición de gozar típico del voyeur). Pocas veces los teatristas se preocupan de cuál estrategia discursiva sería la más adecuada para decir lo que el texto propone o ellos proponen con ese texto, habida cuenta de que, como he tratado de plantearlo a nivel de una lógica de la teatralidad en mi libro Teatralidad y experiencia política en América Latina, se pueden establecer por lo menos seis estructuras de teatralidad, de la que la teatralidad del teatro, fraguada en la Modernidad burguesa, es apenas una que se ha instalado y naturalizado como discurso hegemónico. Jamás se interrogan si el diseño espacial de la teatralidad involucrada hace coherencia o cortocircuito con lo que se proponen decir en términos estético-políticos. Las justificaciones para acatar la teatralidad del teatro son de todo tipo: financieras, morales, personales, institucionales, etc., pero no pueden nunca justificar su obediencia desde un planteo artístico y crítico. La teatralidad del teatro—construida históricamente desde el Renacimiento europeo, blanco, aristocrático y luego burgués, y completamente en consonancia con el capitalismo y la modernidad occidental, tal como aparece en el diseño de la sala a la italiana y sus variantes, incluso callejeras es la encargada de sofocar —y a veces anula — las más atrevidas transgresiones de la escena. La teatralidad del teatro podría formar parte de lo que Lacan denominará, al final de su enseñanza, la astucia loca del discurso capitalista y que, como tal, está destinada a estallar.

Algunos ejemplos elocuentes sobre la teatralidad y los discursos

En mis clases o talleres he jugado con estas cuestiones; una vez, en la Universidad de Salta, a propósito de un seminario dirigido a docentes, hice poner dos escritorios en lados opuestos de un aula vacía, cada uno con una pizarra detrás, cada uno con su jarra de agua y su vaso, como mandan las buenas costumbres. Las sillas se habían colocado apiladas sobre una de las paredes. Era, como puede verse, una construcción en espejo. Mirando desde donde no podía ser visto o reconocido como el instructor del día, recuerdo el estupor de los asistentes cuando, al entrar, no sabían hacia qué lado sentarse. Cuando entré y me dirigí hacia una de ellas, los participantes inmediatamente, *natural o normalmente* —es decir, automáticamente— se sentaron frente a mí; algunos resistieron por un rato hasta que les dolió el cuello y finalmente cedieron al discurso y acataron el poder del amo. Suelo hacer espectáculos en los que, al entrar, el público siente suspendidos los protocolos *naturales* de la teatralidad del teatro: sin sillas, sin escenario, el asistente no sabe dónde se lo espera como espectador (nadie es espectador hasta que no entra en el discurso teatral, cualquiera sea su estructura), no sabe dónde será el espacio escénico y entonces se enfrenta a la no-naturalidad de la teatralidad. Hice una vez un espectáculo en Arizona State University, en el que había sillas. Se titulaba *¿Qué es el amor?*, y consistía de tres obras breves, una de una dramaturga española y dos de dramaturgas latinoamericanas. No me importaba tanto lo que decían las obras, todas relacionadas al amor, pero sí me importaba el discurso teatral en el que las quería hacer jugar: había gradas, de tres o cuatro niveles, muy largas y altas, donde se pusieron sillas movibles; el público—todo universitario, con mayoría de candidatos a maestrías y doctorados—entró y se acomodó. Se apagaron las luces y al comenzar la función, como la escena no ocurría *frente* al público (como *naturalmente* se la esperaba), sino a un costado, un actor (camuflado de espectador), movió su silla y la direccionó de la mejor manera para ver más adecuadamente la escena. Al iniciarse la función, como forma de mostrarle al público hasta qué punto la teatralidad era una convención, un contrato, un discurso, y que nada tenía de natural, una de las actrices que abría la escena, molesta, pide luces, interrumpe la función y obliga al espectador a retornar su silla al sitio originario, cosa que éste hace de mal humor. Como director, siempre me gusta mostrar desde el comienzo las reglas del juego. Se retoma el ritual de iniciación, se apagan las luces y a los minutos de transcurrida la primera escena, el espectador mueve nuevamente su silla y se acomoda para ver mejor; además saca una linterna y comienza a cotejar el texto que dicen las actrices: es que el discurso del amor es siempre una repetición variada, una combinatoria de figuras, como nos enseñó Roland Barthes en su *Fragmentos de un discurso amoroso*. El público estaba un poco confundido y miraba al sesgo la escena, con su cabeza orientada en ángulo hacia la derecha. Sin embargo, acataba la convención perversa en silencio. El actor-espectador, a veces, solicitaba a las actrices cierto cambio de tono, algo más o menos melodramático, según los códigos que éste suponía para decir el amor. La segunda obrita agudizó el giro de cabeza del público en las gradas. La pieza se realizó más al costado derecho de las gradas, lo que provocaba que muchos asistentes tuvieran que estirar su cuello para ver. Finalmente, la última obra se hizo tan al costado de las gradas que, por la altura de éstas, resultaba casi imposible ver al menos que el espectador se levantara de su silla o la moviera, cosa que nadie realizó. Al finalizar la función, una espectadora que me conocía se acercó a mí furiosa y me reclamó que no había podido ver; la miré sorprendido, porque era una de las candidatas al doctorado con una conocida posición feminista muy radicalizada, y le dije: "¿cómo es posible que quieras cambiar la situación de la mujer, si no te atreves a mover una silla y defender tu derecho a ver?"

Veamos otro ejemplo: en ocasión de mi defensa de tesis doctoral en la misma universidad, en la que no sabía bien qué y de quién me tenía que defender, puesto que me parecía realmente un ritual medieval, feudal, anclado en un discurso académico de finales del siglo XX, se me ocurrió plantear performativamente lo que había escrito en términos teóricos. El jurado ya se había instalado al costado de un escritorio, dispuesto para mí, con sillas enfrente para los asistentes que me acompañaban en ese evento académico tan significativo; había pedido con anticipación un grabador y un televisor para mostrar un video, lo que no generó sospecha alguna, habida cuenta de que se trataba de una disertación sobre teatro latinoamericano. Al entrar, aunque algunos me conocían, me senté entre el público. Había escrito un texto para presentar mi disertación doctoral; se lo di a una compañera para que lo leyera y ella, desde el lugar del público, procedió a hacerlo, cuando el jurado dio por iniciada la ceremonia. Esto creó gran incomodidad y alguien interrumpió. Me defendí diciendo que yo era el autor del texto, pero era evidente que, según se me explicó, debía ser pronunciado por mí. Entonces me levanté, prendí el grabador y regresé a mi asiento entre el público; la cinta magnética comenzó a hacer escuchar mi propia voz leyendo el mismo texto. Eso tampoco conformó. Se me dijo que debía leerlo en vivo y procedí a hacerlo desde el lugar en el que estaba sentado entre el público, lo que causó que muchos tuvieran que darse vuelta para verme. Alguien volvió a quejarse y entonces se solicitó que ocupara un lugar frontal a la clase y que leyera mi texto frente al público, ya que éste quería verme. Entonces, todavía sentido entre el público, eché mano al video, donde yo aparecía leyendo el mismo texto, lo cual tampoco conformó. El resultado fue que se quería que yo, mi cuerpo ocupara el escritorio y en vivo leyera mi texto, es decir, que más allá de lo bueno o malo de mi disertación doctoral, más allá de la potencia o no de mis ideas, lo importante era situarme en el sitio en que el discurso de la universidad me esperaba, sin duda desde mucho antes de que yo fuera candidato al doctorado. Me sorprendió que la academia, por un lado, discutiera tan afanosamente la necesidad de tecnologizar la enseñanza y la trasmisión del saber y, por otro lado, todavía estuviera tan empecinada en mantener los rituales jurídico-feudales de transmisión del saber. Al fin y al cabo, yo podría haber hecho mi defensa desde cualquier sitio del planeta, si el interés hubiera estado realmente en lo que yo tenía que decir, lo que, como puede verse por los avatares de la teatralidad en juego, no era el caso.

Finalmente, quiero mencionar un reciente libro, *Espacio escénico. Texto, contexto y sentido*, del arquitecto y escenógrafo Juan Carlos Malcún, quien me acompañara en una puesta en escena realizada en la Universidad de Tucumán, a propósito de *Yo también hablo de la rosa*, de Emilio Carballido (que he descrito al detalle en otras publicaciones), en el cual se detallan tres proyectos escénicos realizados para distintos grupos teatrales y fechas con motivo de la puesta en escena de *Los prójimos*, de Carlos Gorostiza. Cada uno de esos diseños escenográficos responde a variaciones en relación, por un lado, al texto dramático, pero, sobre todo, por otro lado, al cambio de significación provisto por el dispositivo espacial que, como vimos, siempre es un tipo de discurso. Malcún agrega a su libro un capítulo en el que describe otro diseño realizado para una puesta en escena, una adaptación de una obra de Mauricio Rosencof realizada en Tucumán en el marco del teatro oficial. El conflicto entre director y escenógrafo descrito en este capítulo devela las tensiones entre la institución-teatro y su sistema de producción: un proyecto oficial a cargo de un director que, no comprendiendo la propuesta del escenógrafo–ejemplo deslumbrante del malentendido entre ambos— o en posición de servidumbre voluntaria al Estado, insiste en mantener el telón de boca, cuando precisamente la propuesta escenográfica disparaba el sentido en la dirección contraria a la teatralidad del teatro.

Los cuatro discursos de Lacan

Ya hemos procedido —casi imperceptiblemente para el lector— a presentar los cuatro símbolos algebraicos que Lacan utilizará al plantear sus cuatro discursos en su *Seminario 17 El reverso del psicoanálisis*, en *Radiofonía* y luego en el *Seminario 20 Aun*. Lacan concibe el S_1, el S_2, el $\$$ [S barrado] y el objeto *a* como las cuatro posibilidades de articularse que adquiere lo simbólico, en tanto lazo social basado en el lenguaje. Designa, pues, como discurso al vínculo social (*Seminario 20* 68). De ese modo, tenemos:

S_1: el significante Amo
S_2: el saber
$\$$ [S barrado]: el sujeto
a: el plus-de-gozar

A la rotación de los cuatro discursos—"cuatro estructuras" dice Lacan (*Seminario 17* 12) o "cuadrípodos giratorios" (*Seminario 17* 15)—por cuatro lugares (el Agente o el lugar del semblante, el Otro, la Verdad y la Producción) los denominará: discurso del Maestro o del Amo (*Master*), discurso de la Universidad, discurso de la Histérica (a veces se dice injustamente "de la histeria") y discurso del Analista. Los lugares se disponen de la siguiente manera:

$$\underline{\text{Agente}} \rightarrow \underline{\text{Otro}}$$
$$\text{Verdad} \;//\; \text{Producción}$$

El uso de $\rightarrow$ aparece, en *Radiofonía* y en el *Seminario 20* como imposibilidad para el discurso del Amo y el discurso del Analista; en cambio Lacan usa $\leftarrow$ en dichos textos como impotencia para el discurso de la Universidad y el discurso de la Histérica. Sin embargo, vamos a mantener aquí // para manifestar la disyunción que existe entre la verdad —que siempre es el fundamento de lo que se dice, que siempre está ocultada para el Agente, más allá de sus intenciones conscientes— y la producción, ya que lo articulado discursivamente no se reúne con la verdad. El Agente, no obstante, no es el que hace, "sino aquel a quien se hace actuar" (*Seminario 17* 182), en la medida en que responde a la demanda del Otro y esto, en términos lacanianos, significa que "no está del todo claro que el amo funcione" (*Seminario 17* 182), o sea, que funcione autónomamente, como motor o impulso inicial; siempre lo hace en función del Otro, a partir de la demanda del Otro. Estos discursos están, como quien dice y como ejemplificamos, *ya ahí*; no los elegimos, sino que ellos modelan nuestro decir y nuestra hacer, nos llevan más allá del lugar a donde voluntariamente quisiéramos llegar, "más lejos de las enunciaciones efectivas" (*Seminario 17* 11) y producen consecuencias que no podemos prever ni controlar.

El S_1, el significante Amo, representa al sujeto, y lo representa imaginaria, esto es, ilusoriamente como completo, ocultando su castración, que aparece sin embargo explícita en $, que es el sujeto dividido —consciente e inconsciente— el sujeto deseante que desconoce la causa de su deseo.[12] El S_2 es el saber, es decir, la red de significantes menos el S_1; como campo del lenguaje implica tanto el saber consciente como el inconsciente. Lacan va a discernir entre el saber del esclavo en el discurso del Amo,[13] del amo antiguo, y el saber de S_2 del amo moderno, tal como es el caso de la universidad. El esclavo, como veremos, sabe porque "sabe hacer"; su trabajo es "el que constituye un inconsciente no revelado" (*Seminario 17* 30), en la medida en que de forma invisible va produciendo *a*,

---

[12] Me parece importante señalar, para lectores no familiarizados con el psicoanálisis, que 'castración' no significa 'emasculación'; el concepto de castración se refiere a que, a efectos de que la cría humana pueda advenir como sujeto humano integrante de un lazo social, debe renunciar a satisfacciones a nivel pulsional (incesto, parricidio, agresividad, etc.); de ahí que el sujeto esté dividido y registre una falta. Hay que recordar que el Otro simbólico no está completo tampoco, no es A, sino A̸, es decir, también registra la castración.

[13] Lacan nos hará notar que, en Hegel, se trata de amo y esclavo del mismo sexo y, por esta razón, se trata "de saber qué es lo que el amo recibe, bajo el nombre de este plus de goce, del trabajo del esclavo" (*Seminario 17* 189). Si se tratara de hombre y mujer la cuestión del goce sería otra "verdaderamente sublime" (*Seminario 17* 189). El esclavo varón, que al principio no quiere renunciar al goce, finalmente lo hace y "lo sustituye por el trabajo, que desde luego no es su equivalente" (*Seminario 17* 184). Esto abre a múltiples cuestiones en relación al trabajo teatral, que intentaremos abordar en otro lugar.

como plusvalía. El Amo no desea saber nada en absoluto, solo gozar de lo que proviene del trabajo del otro, del esclavo. Pero Lacan enfatiza algo que retomaremos más adelante, a saber, que "lo que conduce al saber no es el deseo de saber. Lo que conduce al saber es...el discurso de la histérica" (*Seminario 17* 22). Por eso, a pesar de que en sus seminarios más tempranos homologa el discurso de la ciencia al discurso del Amo, ya a partir de *Televisión*, en 1973, comienza a homologar la ciencia al discurso de la Histérica. Diferencia de este modo el discurso de la ciencia del discurso universitario concebido como totalizante, enciclopédico, académico. El saber al que se refiere Lacan es un saber que, a diferencia del conocimiento y de la representación, no se sabe, y es justamente este saber que no se sabe el que le interesa al psicoanálisis (*Seminario 17* 30). La histérica, como la ciencia, se relaciona con lo real, con lo que no funciona y que escapa a la totalización; la ciencia no se complace con los sistemas cerrados, sino que siempre interroga. Finalmente tenemos el objeto *a* que ha escapado a la red significante de S_2; es lo que ha caído del sujeto por su entrada en el orden simbólico, lo expulsado, lo abyecto, que ahora se pone como causa más que como meta del deseo. Ese objeto irrecuperable constituye la falta-en-ser del sujeto, es decir, algo que le falta al sujeto para acceder al goce como una satisfacción absoluta, plena; de ahí que tendrá que conformarse con un plus-de-gozar que, en realidad, es un menos-de-gozar. De modo que el sujeto está arrojado a una cadena de objetos sustitutos que nunca podrán alcanzar ese *a*; sin embargo, ese *a*, esa falta incolmable es lo que impulsa al sujeto a llegar más allá de todo límite en búsqueda de una satisfacción imposible y, en cierto modo, fatal. Hacia atrás, tenemos el objeto *a* como causa del deseo y hacia adelante el objeto *a* como meta del deseo (tal como lo plantea Lacan en la primera parte de su enseñanza). Ilusoriamente el sujeto cree que el otro (*autre*) es el objeto de su deseo, pero no advierte que el otro apenas imaginariamente ocupa el lugar del objeto *a*; ningún otro puede ser el objeto *a*, salvo *aparecer* como tal metonímica/metafóricamente y por un tiempo determinado; el otro apenas ilusoriamente puede colmar su deseo, el otro es siempre inadecuado para el deseo. Y el sujeto también resulta inadecuado al deseo del otro, por eso Lacan afirma que 'no hay relación sexual', es decir, ninguno de los partenaires puede completar al otro, la famosa 'media naranja' es apenas una ilusión, ya que ninguno tiene lo que el otro desea, por eso tiene que inventar constantemente, en el amor, en el arte, algo para el otro. Lacan va a plantear, además, que no hay una armonía entre el sujeto y el objeto del deseo (causa o meta), entre lo que el sujeto imaginariamente cree que es el objeto de su deseo y su deseo, lo cual acentúa la desarmonía o imposibilidad en cuanto a la 'relación sexual'.

Digamos algunas palabras acerca de los lugares. El Agente es el que elabora el discurso, pero lo hace respondiendo a las demandas del otro/Otro; ese Otro, como vimos, no es el sujeto, sino la red de la cual se ha desprendido, ha emergido el sujeto. El discurso del Agente responde pues a una demanda que viene del Otro. El otro/Otro, en tanto sistema significante, es el que interroga al Agente y en donde se origina realmente el discurso del Agente. Luego tenemos la Verdad, que es el lugar que oficia como fundamento del discurso, pero que el Agente elude, no conoce, no alcanza, escapa a su conciencia; esta verdad, como el objeto *a* causa del deseo y propulsor de la búsqueda de goce imposible, oficia también como motor de la máquina significante. El discurso nunca alcanza a decir "toda" la verdad, dice menos o dice más, dice a veces otra cosa de lo que quería decir; hay un desajuste incolmable. El cuarto lugar es la Producción y se refiere a lo producido en el discurso que tiene un efecto en el otro y sobre el otro. Veremos cómo lo que cada uno de los cuatro discursos produce está en disyunción con la Verdad de la que se trata en cada caso.

Los cuatro discursos toman la siguiente disposición y forma algebraica:[14]

Discurso del Maestro o del Amo
$$S_1 \rightarrow S_2$$
$$\$ \; // \; a$$

Discurso de la Universidad
$$S_2 \rightarrow a$$
$$S_1 \; // \; \$$$

---

[14] Lacan va rotando los elementos en un movimiento contrario al reloj. Si seguimos ese orden, el discurso del Analista debería estar colocado antes que el discurso de la Histérica. Sin embargo, por razones de exposición, preferimos cambiar ese orden. De esta manera, se aprecia cómo el discurso del Analista es el reverso del discurso del Amo y como el discurso de la Histérica es el reverso del discurso de la Universidad.

Discurso de la histérica *Discurso del analista*

$\underline{S} \rightarrow \underline{S_1}$ $\underline{a} \rightarrow \underline{S}$
$a // S_2$ $S_2 // S_1$

Nuestra tarea será ver hasta qué punto estos discursos nos permiten pensar teóricamente nuestras cuatro dramaturgias. Caben las siguientes posibilidades:

a) Que no haya ninguna relación entre los cuatro discursos lacanianos y las cuatro dramaturgias. A pesar de lo absurdo, el intento de postular la no relación conceptual entre los discursos y las dramaturgias, vale la pena realizarlo, para despejar en todo caso la cuestión en el campo teatral hasta proponer otro acercamiento teórico.

b) Que a cada discurso lacaniano le corresponda una dramaturgia determinada.

c) Que cada dramaturgia pueda admitir su lectura desde los cuatro discursos.

d) Que cada dramaturgia, a pesar de admitir los cuatro discursos, manifieste uno de ellos como dominante.

Conviene ir detallando cada discurso en particular y, a partir de ahí, ir ensayando sus posibles contribuciones a nuestro trabajo teatral.

El Discurso del Amo

Es el punto de partida en la medida en que plantea la circunstancia del sujeto como sujeto hablante; es un discurso fundamental, porque es el discurso del inconsciente, amo de nuestro decir: somos hablados por el Otro. El Otro, como lenguaje o en tanto cultura, nos impone ideales, nos marca con sus mandatos, regula nuestro hacer. Somos capturados por el deseo y el goce de ese Otro, debemos alienarnos a él para ingresar al contrato social; el psicoanálisis, más allá de lo clínico o terapéutico, nos invita a trabajar esa alienación a fin de poder emanciparnos del deseo y goce del Otro, para acceder a nuestro deseo y goce singulares, lo cual no significa que alcancemos con eso la felicidad. El psicoanálisis no provee la felicidad, sino que emancipa nuestro deseo y goce, y desde allí, podemos contar con un saber que, a su vez, nos hace responsables de nuestros actos, más humanos y no robotizados controlados por el panóptico.

En este discurso, el Agente es aquí el S_1, el significante Amo; este significante no tiene sentido hasta tanto haya un S_2 que lo signifique. El Amo desconoce su castración, no puede admitirla, de modo tal que vemos al $\slashed{S}$ debajo de la barra del algoritmo, en el lugar de la Verdad. Si el S_1 como Maestro o Amo admitiera ser un sujeto dividido, si admitiera no ser un sujeto total, completo, se vería imposibilitado de ocupar ese lugar de dominio, ya que él quiere reinar como dueño de la palabra, él cree ser el Amo del sentido. No olvidemos que cada discurso intenta articular un cierto tipo de lazo e intercambio social. Lo que el Maestro profiere —así lo cree él o intenta hacerle creer al otro— es la mismísima verdad; su pretensión, obviamente ilusoria, es que su discurso tenga validez universal. El Amo habla como Uno total, totalizante y totalitario, porque busca ser obedecido, acatado, imitado, pero, como vemos, esa es su ilusión. El propósito del Maestro como Amo o del Amo como Maestro, en tanto legisla sobre el sentido, es edificar un saber completo, sin fisuras, por ello tenemos a S_2 en el lugar del otro. El otro es el esclavo, el que trabaja para el goce del Amo y que no sólo debe acatar al Amo, sino que sabe cómo hacerlo, lo *consiente*, si se me permite jugar con el texto lacaniano cuando afirma que, en esta relación entre Amo y esclavo, "lo que hace falta es un consentimiento" (*Seminario 17* 29). Sin duda, hay un pacto y no necesariamente es consciente entre Amo y Esclavo. Étienne de La Boétie, siendo un joven de 16 o 18 años escribió en el siglo XVI, alrededor de 1548, un texto impresionante sobre la servidumbre voluntaria cuyos ecos podemos percibir a lo largo de la historia hasta incluso en el Teatro del Oprimido de

Los discursos lacanianos y las dramaturgias

Boal.[15] En cierto modo, Lacan nos advierte que el Amo quiere que todo marche y, obviamente, a su favor; el dominio le exige involucrarse, es decir, consentir en perder algo para hacer que todo marche y "por eso que pierde se le debe devolver algo del goce, precisamente el plus de goce" (*Seminario 17* 113). El discurso del Amo es tan exitoso, que ha mantenido su dominación por siglos, como lo prueba el hecho de que "explotados o no, los trabajadores trabajan" (*Seminario 17* 181). Es tan grande la forma en que la humanidad ha honrado el trabajo, dice Lacan no sin ironía, que el discurso del Amo hasta (nos) ha excluido "la posibilidad de que no se trabaje" (*Seminario 17* 181).

Desde Hegel y con la intermediación de Alexandre Kojève, Lacan retomó la dialéctica del Amo y del Esclavo y por ello tenemos aquí al Esclavo en la posición del otro como S_2, es decir el que trabaja y al hacerlo conoce la Naturaleza. No se nos escapa ya la relación entre poder y saber que estos discursos comienzan a movilizar. El Amo trata de anular el deseo de (libertad) del esclavo, de sofocarlo bajo un supuesto saber total, sin contradicciones, armónico, a fin de no ser cuestionado por el otro, y consecuentemente ser obedecido por él. En el lugar de la Producción tenemos el *a*; ya que, al trabajar para el Amo, el Esclavo produce objetos de goce (al menos, no todos los objetos producidos son únicamente para satisfacer las necesidades); el goce, como dirá más tarde Lacan, es lo que no sirve para nada, es inútil (*Seminario 20* 11). Aparece entonces este plus-de-gozar como producto del Esclavo y como un más allá de la ley del Amo; se trata de un goce pleno que ni Amo ni Esclavo van a poder alcanzar y que se halla en completa disyunción con el $.

---

[15] Ver mi ensayo "Aproximación al Teatro del Oprimido de Augusto Boal (Primera Parte). *Resonancias de la servidumbre voluntaria según Étienne de La Boétie*", de próxima aparición en la *Revista telondefondo*.

El discurso del Amo y la dramaturgia de autor

$$\text{Autor} \rightarrow \text{Directo}$$
$$\text{Au/tor}^{16} \;//\; \text{Puesta en escena}$$

Veamos cómo nos acercamos a nuestras cuatro dramaturgias desde el discurso del Amo. Muchos teatristas, especialmente los directores, dicen acatar la intención del Autor, respetar el texto dramático. Desaprueban a otros teatristas que se toman la libertad de interpretar y montar el texto de acuerdo a sus propios intereses, sin acatar lo que el Autor quiso decir. Para los teatristas "respetuosos del texto dramático", para los teatristas afiliados a la dramaturgia de autor, la figura de éste toma, sin duda, el lugar del Amo: el Autor está localizado aquí en el lugar del Agente y su palabra debe ser acatada. El autor, la palabra del autor, toma visos casi teológicos: se trata de un autor dueño del sentido de su obra, como si se tratara de un dios; hay una dimensión religiosa en esta dramaturgia de autor —que aparecerá luego también en la dramaturgia de director— en la medida en que sostiene un purismo en relación al texto original y en tanto ve como profanación todo lo que se aleje de dicha palabra.

Es una posición que, por poco que andemos, resulta insostenible y basta leer a Stanislavski, por ejemplo, o los testimonios de otros directores de esta dramaturgia de autor, para darse cuenta de que, a pesar de los esfuerzos, hay durante el *trabajo* de montaje una inseguridad sobre el "significado" de la obra, del que supuestamente el autor sería consciente, algo que, como sabemos es imposible de verificar, incluso si el autor está vivo. Hay también un cierto grado de infidelidad creciente al autor, que se manifiesta de múltiples maneras. ¿Cómo podría estarse seguro de que se acata y reproduce en escena la intención del autor? ¿Cómo podríamos imaginar a un autor completamente amo del sentido de su propia obra, si se trata de un sujeto dividido? Es probable que, si consultáramos a Cervantes, nos diría que su intención consciente era parodiar las novelas de

---

[16] Léase la barra sobre la palabra Autor y sobre otras palabras más adelante en este ensayo cuando se corresponde con $\mathscr{S}$.

caballería; si nos quedáramos en eso, el *Quijote* nos parecería una empresa desbordada en sí misma, ya que, como es de todos conocidos, esa obra ha promovido una bibliografía crítica enorme y como tal, como cualquier otra obra de arte, no creo que vaya a dejar de promover sentidos nuevos y más escritura. ¿Podríamos realmente atenernos a la intención de Cervantes en la lectura de su *Quijote*?

Como podemos observar ahora a partir del discurso del Amo, lo que está ocultado en este tipo de postulación, en esta dramaturgia de autor, es el $, el sujeto dividido, el Autor como sujeto dividido, castrado, con un deseo que no conoce, un saber que lo sobrepasa. Si escuchamos las anécdotas de muchos directores cuando dirigen una pieza de un autor vivo, al que invitan a los ensayos, podemos tener un espectro de reacciones variadas sobre la forma en que ambos, o más precisamente el autor, se las arregla para enfrentar al $, la castración, la existencia de un sentido sobre el que él no puede reinar y legislar. El trabajo del director, sea bajo presión del productor, del autor o de su propia convicción como S_2 en el lugar del otro, no deja de desarrollarse en el malestar de la infidelidad a la palabra del Autor, de la culpa por la profanación del texto, por la imposibilidad de llevar puntualmente el texto dramático a la escena. Es interesante observar una paradoja notable y frecuente, el hecho de que muchas veces el autor que asiste a los ensayos tiene esta exigencia totalitaria frente al director, aun cuando su obra exponga, por ejemplo, los horrores más agudos de las dictaduras y los regímenes de facto, o trabaje con temas muy debatidos por el discurso feminista.

El Autor, en estos casos, quiere obstaculizar y detener el sentido, de la obra. Algunos se excusan diciendo que quieren eso, al menos, para el estreno mundial. Bajo esta postulación de la dramaturgia de Autor, pareciera esconderse la afirmación de que habría una lectura única, y eso, como ya es hoy aceptado en todo estudio crítico serio, psicoanalítico o no, sería completamente imposible, porque entre el texto y la lectura hay mediaciones de todo tipo, entre las que está, obviamente, el sujeto y su deseo; postular una lectura única, pura, atenida al supuesto significado del texto sería como afirmar un universal de la lectura y un imperio del significado sobre el significante, creyendo que todos los lectores leen a través de la misma pantalla, del mismo fantasma, ahistóricamente. Lo cierto es que un director o un colectivo que trabaja para acatar la ley del autor, para ilusoriamente reproducir su discurso, va progresivamente —lo quiera o no— produciendo un plus-de-sentido a medida que va leyendo el texto, trabajándolo, montándolo. Circunstancias de todo tipo intervienen para que lentamente vaya emergiendo un plus de sentido que los advierte sobre la inconsistencia de la posición maestra del autor como dueño del sentido de su obra. Este plus de sentido, un menos-de gozar para el Autor, no encaja en lo que el autor exige y legisla como tal; además, está en disyunción con el $, es decir, en la medida en que aparece algo que va más allá de lo que autor y teatristas han dicho o creen decir y luego, obviamente, se producen las sorpresas cuando llega la crítica y ésta postula algo no reconocido por el $ y siempre más allá de su discurso consciente.

El Discurso de la Universidad

En este discurso es el S_2, el saber, el que ocupa la posición de Agente. La barra del algoritmo lo ubica sobre el S_1, es decir, que lo ocultado aquí es el Amo, que no aparece, que se instaura como ausente, pero que se haya velado en el lugar de la Verdad. Se ve claramente que el discurso de la Universidad es concebido por Lacan como una prolongación del discurso del Amo, en la medida en que de cierta manera el discurso de la Universidad intenta validar el S_1, ese significante sin sentido, por medio de sistemas filosóficos sin fisuras, totalizantes y a veces totalitarios. La función de S_2 es por lo tanto trasmitir y difundir una verdad cuyo fundamento está en un Amo, en la palabra de un amo ausente; como en el discurso anterior, aquí también se trata de un saber ilusoriamente completo. El discurso de la Universidad es, según Lacan, el de toda iglesia y de toda burocracia. Como tenemos el *a* en el lugar del otro, resulta que estamos en lo que en América Latina conocemos, a partir de Paulo Freire, como "concepción bancaria de la educación". Este *a* es concebido como el lugar de la ignorancia; es un vacío a llenar con el saber provisto por el S_2, en tanto trasmisor y responsable de la difusión de la palabra "verdadera" del

Amo. Si en el discurso del Amo al menos se imaginaba un saber del Esclavo, en el discurso de la Universidad ni siquiera se supone que el otro sepa algo: este encuadre tiene múltiples variantes pedagógicas y además una concepción muy acotada de trasmisión de conocimiento, dejando de lado los saberes que, como vimos, competen al inconsciente, al deseo y al goce, al placer y al dolor, al cuerpo. Este S_2 cree tener una función gloriosa en tanto responde a la demanda del otro, y trata de llenar esa falta en el otro con un saber sin fisuras, universal. Intenta, como hiciera antes el Amo, dominar el deseo del otro, pero fracasa, porque ese deseo es incolmable, su objeto *a* es inalcanzable. Lo único que produce es un $), un sujeto dividido arrebatado por la sospecha, a manera de un síntoma en que algo se manifiesta, pero cuyo sentido se desconoce. S_2 fracasa en su intento de seducción, de fascinación del otro, al que no logra colmar con su saber universalizante, por eso $) no logra identificarse con S_1, porque está en disyunción con él. Como resultado, hay una especie de desconexión entre saber y poder en este discurso de la Universidad, porque el otro se da cuenta que no es S_2 quien habla, sino que es hablado por S_1, por el Amo. De ahí, otra vez, la producción de un sujeto dividido, en tanto S_2 es percibido como incompleto y, por lo tanto, producido como $).

El discurso de la Universidad y la dramaturgia de director

$$\text{Direc/tor} \rightarrow \text{Actores / espectador}$$
$$\text{Autor} \quad // \quad \text{Puesta e/n escena}$$

Podemos hacer el ejercicio de imaginar al director en la posición de Agente, como representante del Amo y Maestro. Tenemos en América Latina ejemplos muy contundentes de esta dramaturgia de director que, muchas veces, se superpone a la de autor, tal como el discurso de la Universidad es una prolongación del discurso del Amo. El director, que también cumple, en algunos casos, funciones pedagógicas, trata muchas veces de sostener la palabra del autor, presentándose como guardián de su palabra o representante del autor. Afirma, por ejemplo, haber estudiado tanto al autor que se ha consustanciado con él y por lo tanto "sabe" lo que el autor quiso decir. Se ha escuchado mucho aquello de que "Stanislavski es la base de toda buena formación actoral". En los ensayos, entonces, bajo esta ilusión de saber, el director/maestro instaura su poder como un protocolo disciplinario e interpretativo inapelable que no permite ningún tipo de cuestionamiento sobre el sentido del texto (dramático o propedéutico) que él dice conocer y respetar como nadie. De alguna manera, este director sigue como esclavo del autor, aunque ostente la pretensión de hablar por sí mismo.

Pero también podemos hacer el ejercicio de imaginar al director en posición de Agente, como S_2, desde otra perspectiva. Estaríamos frente al director típico de la dramaturgia de director, el que se dirige a actores y equipo técnico para hacer valer su visión de la obra, no importa cuán alejada esté del propósito del autor como S_1.[17] Los otros, como *a*, sin importar lo que piensen de la propuesta, tienen que ejecutar su proyecto tal como el director lo ha imaginado. Usualmente es el tipo de director con gran experiencia, muy reconocido por su trayectoria o con estudios y/o práctica académicos, que llega al ensayo con todo digerido, con las marcaciones de actores ya estipuladas, con el proyecto escenográfico ya discutido con el artista plástico, la música con el músico, etc. Su figura —no importa el grado de amabilidad que despliegue— resulta autoritaria e inapelable; el actor, especialmente si ha salido de un *casting* realizado por el director, responde a la figura del personaje imaginada por aquél mucho tiempo antes de encarnarse en una persona concreta. El actor es admitido por encajar en la imagen ideal que el director se había formado del personaje. El texto dramático o el autor como tal quedan bajo la barra del algoritmo, ocultados o silenciados. Lo que aquí cuenta es el proyecto de montaje del director, su visión de la obra y su saber, que lo autorizan a justificar cualquier tipo de desviación o transgresión al texto original. Actúa como amo, pero indudablemente en nombre del S_1 que, lo quiera o no, está allí, a veces para medir incluso el grado de genialidad del director mismo: si se monta un Shakespeare y el director propone modificaciones brutales al

---

[17] Si atribuimos a la figura del 'divo' la misma posición, podemos incluso pensar en una dramaturgia de actor planteada sobre estos mismos términos; para el divo, el autor y el director, incluso los otros actores sobre el escenario, importan poco.

texto original, dichas transgresiones sólo son locuaces en tanto se miden frente a un texto base reconocido por la comunidad. La novedad de este "último" Shakespeare requiere de un Shakespeare tradicional, de un texto socialmente aceptado y muchas veces clásicamente montado desde el discurso del Amo. El espectáculo que resulta de este tipo de director que todo lo sabe, para quien su visión de la obra es lo que cuenta y que domina todos los aspectos del espectáculo, es, sin embargo, un $\$$ que habla del saber no sabido del director mismo y que se encuentra en disyunción con el S_1, es decir, el texto dramático original o el autor. Por una parte, el crítico o el espectador reconocen ciertos aspectos de Shakespeare en la propuesta, pero a la vez hay algo que dice otras cosas las cuales, en cierto modo, se ligan al saber del director o apelan al contexto socio-cultural en el que se monta el espectáculo. Sea como fuere, en este discurso de la Universidad con el director como Agente, se trata apenas de una veleidad exagerada del discurso del Amo, por cuanto no importa cuán reconocible o no esté Shakespeare en la nueva propuesta, lo cierto es que no hay manera de montar —como vimos en el discurso del Amo— un Shakespeare original, único, auténtico. Así, tanto el director que quiere atenerse al texto de Shakespeare como el que rebeldemente quiere retorcerlo, transgredirlo o negarlo, no pueden más que ser deudores de una cierta concepción de la lectura como mediada por múltiples factores históricos y culturales, de los que la traducción no es el menor.

Sin embargo, vamos a hacer aquí una salvedad: no es lo mismo colocarse como director en el discurso del Amo o en el de la Universidad, que plantearse montar un Shakespeare desde el discurso de la Histérica o del Analista, ya que la cuestión de la relación de poder con el equipo y el elenco, con el público y con el autor va a presentar variaciones muy notables. Un director del discurso del Amo o del discurso de la Universidad piensa en una lectura atenida o transgresiva del texto dramático original como una "una" verdad que le pertenece, que no puede ser de otra manera y que desea imponer al otro (actores, equipo, público). No es lo mismo acercarse a la verdad del texto shakespeariano como $\$$ o como *a* en el lugar del Agente, asumiendo el carácter oracular de dicha verdad y responder con un montaje que sea una interpretación conjetural que sólo por sus efectos va a plantearse como verdad. Volveremos sobre esto.

Tal vez la empresa más evidente de este discurso de la Universidad en el campo teatral, en la cual toma su dimensión más grosera, sea la reproducción de los espectáculos, especialmente los musicales, consagrados por Broadway. El director burócrata adquiere aquí su rostro más evidente. El formato le es legado por un S_1 al que él responde con obediencia. Sin duda, el director es alguien elegido por las productoras inter/multi/nacionales por su capacidad para ejercer un dominio en nombre de un proyecto armado en un centro foráneo metropolitano. El resultado es siempre un producto dividido entre la originalidad y la copia, entre lo extranjero y lo nacional. El otro, sea el actor o el público, es el que debe responder a las directivas del director, pero a su vez sospecha que éstas responden más a la de un S_1 que se halla en otra parte. El saber aquí en juego parece dirigirse a un otro a quien no termina de satisfacer, ya que el proyecto original emergió de un contexto cultural y socio-político diferente, lo cual lleva a la disyunción inevitable —aunque se tomen todos los recaudos del caso— entre el proyecto S_1 y el resultado final $\$$. La producción de un musical de Londres en cualquier teatro de un centro capitalino de América Latina puede ser mejor o peor que la inglesa, pero será siempre un eco, una reproducción, una copia que se inserta en un sistema teatral y un contexto cultural diferenciados y, en consecuencia, admite una recepción particular cuyo sentido no es similar al de la metrópolis.

El discurso de la Universidad y la formación actoral

$$\frac{\text{Instructor} \rightarrow \text{Tallerista}}{\text{Mae/stro} \quad // \quad \text{Versiones}}$$

Veamos ahora el discurso de la Universidad desde la formación actoral. En los programas universitarios de gran parte del mundo, dicha formación se basa en la diseminación de un saber que se supone autosuficiente y completo; en términos generales, podemos decir que se basa en el Sistema de Stanislavski, no importa cuál sea la etapa o momento que se acate de la enseñanza del maestro ruso: memoria afectiva, acciones físicas o la menos conocida, la del final de su carrera, conocida como análisis activo. Ese corpus de técnicas y ejercicios, de opiniones dispersas y a veces contradictorias que configura el Sistema stanislavskiano, en cualquiera de sus versiones, se toma como ley en la práctica actoral. En otros casos, cuando se trata de talleres no universitarios, ocurre casi lo mismo: el instructor o director se postula como diseminador del método de tal o cual otro, amo o maestro, sea Grotowski, Strasberg, Barba o Lecoq. Lo que se deja siempre de lado es presentar al S_1 del que se trate como un $\$$. El instructor del discurso de la Universidad (sea a nivel de la institución que lleva su nombre o en clases particulares enseñadas en un taller de formación actoral) no busca actores "histéricos", que cuestionen el saber, sino que busca discípulos, aparatos de repetición de una técnica o metodología con pretensiones de universalidad y completa eficiencia artística. Espera de esa reproducción a cargo del discípulo al menos un plus-de-goce, como prestigio para apuntalar su enseñanza: recordemos que ese maestro es Agente en un discurso en el que no es el Amo. Los debates sobre qué maestro es más fiel a Stanislavski son muy conocidos. Indirectamente, el menos-de-goce al que accede lo cede o lo comparte con el Amo. En un caso como en el otro, sea la academia como el maestro de taller, vemos que el S_2 en posición de Agente supone siempre un Amo y oculta siempre que éste se trata de un $\$$, oculta el hecho de que el Autor no es dueño del sentido y, por tanto, no debería legislar totalitariamente en materia artística. ¿Acaso alguien que se postula como trasmisor del Sistema stanilavskiano elabora la falta en ese Sistema o las complicidades de ese sistema con el capitalismo? Porque no hay que olvidar que el Sistema es deudor y cómplice del fordismo-taylorismo y de las experiencias de Pavlov con los perros.[18] El discípulo, en posición de ignorancia, recibe la receta del maestro como palabra santa, y pronto comienza a sospechar que hay un desajuste entre el saber del maestro y el saber del Amo o autor. Así, las rencillas actorales sobre la palabra del maestro —sea que éste promulgue la

---

[18] Ver mi ensayo "Los cuerpos del actor".

versión de la memoria emotiva o la de las acciones físicas— van dejando emerger un $ que pone en tela de juicio la palabra de S_1.

El discurso de la Universidad y la creación colectiva

Colectivo   →   Actores/público
Marx-Brecht-Público   Disidencias

Aunque resulte poco evidente, me arriesgo a postular a la creación colectiva —al menos en su presentación más superficial— dentro del discurso de la Universidad. Aquí, el grupo, el colectivo está en función de Agente; es el que sabe y por lo tanto el que va a trasmitir ese saber a un otro que carece de él. Ese otro puede ser los integrantes recién incorporados al colectivo o el público, que ellos imaginaban como el pueblo o la plebe, para usar términos foucaultianos. Los miembros de la creación colectiva proceden a realizar investigaciones de todo tipo o invitan a especialistas relacionados con el tema que quieren llevar a escena. Por lo tanto, se autorizan en un S_1 que, en ciertos momentos de esplendor revolucionario en América Latina, allá por los años de la Revolución Cubana y subsiguientes, estaba constituido por la teoría marxista, a veces filtrada bajo la propuesta de Brecht, o viceversa. Este S_1 podía también ser esos expertos que, sin duda, formaban parte de lo que, en términos globales, podríamos denominar aquí pensamiento de izquierda, con diferentes grados de euforia revolucionaria y de procedencias diversas (stalinismo, maoísmo, trotskismo, guevarismo, etc.). Sin embargo, bien sabemos hoy que fueron pocos los miembros de los grupos que hicieron historia en la región quienes leyeron efectivamente a Marx o a Brecht. Había en el aire un marxismo diluido y un brechtianismo muchas veces de segunda mano, a la vez sospechosamente variados según las corrientes de opinión que promoviera el Partido Comunista local (basado en el S_1 de los cuarteles soviéticos), la disidencia troskista, los apegados a la letra leninista, guevarista o la Revolución China con el maoísmo. Basados en ese S_1 (marxismo, brechtianismo, partido) puesto en el lugar de la Verdad, apoyados en ese conocimiento, tal como lo plantea la ciencia, imaginaban construir sus espectáculos de modo tal de atravesar científicamente el velo de la ideología y exponer en sus producciones, por medio de una narrativa elocuente, las leyes ocultas de la dominación económica y socio-política del capitalismo. Se documentaban afanosamente, entrevistaban a cuanto sujeto estuviera relacionado con el tema, recurrían a cuanta disciplina y experto se le pusiera a disposición y, mediante la improvisación, iban luego acomodando a ese saber las secuencias narrativas del espectáculo cuyo destinatario era el público en posición de ignorancia. Sin embargo, lo conjetural, basado en otro tipo de verdad, en otro tipo de saber más oracular, se les escapaba —o lo rechazaban por contra-revolucionario[19]— y por eso hoy la mayoría de esas obras nos parecen completamente anodinas y desafortunadamente acotadas a una coyuntura histórica ya superada. Quedan en la memoria solo como textos-síntomas de un momento histórico. Al carecer de esa "otra" verdad oracular, de ese saber que no se sabe, esas obras no nos interrogan hoy, no tienen la potencia artística de atravesar la historia. Nos quedan como testimonio de una época brillante del teatro latinoamericano, pues fueron concebidas como instrumentos o herramientas para otro fin, no artístico sino político. Es el destino de todo arte *agit-prop*. Sin embargo, en algunas de ella —las que produjeron un interesante $— todavía puede detectarse alguna dimensión de lo reprimido que sigue potenciando el sentido y sigue insistiendo en nuestra experiencia histórico-social. Invito al lector a leer, por ejemplo, las tres versiones de *El Paraíso recobrao*, del Grupo Teatro Escambray. A medida que se revisaban las versiones, la censura y/o la autocensura iban en aumento y lo que configuró una alegoría —situada más allá de las intenciones de sus agentes— fascinante y controversial de los líderes de la Revolución Cubana y sus formas de imaginar el ejercicio del poder al final de la primera versión —que debe haber apelado al público de una manera especial— desaparece en las dos

---

[19] Se podría aquí insertar todo un largo desarrollo sobre las conflictivas relaciones entre marxismo y psicoanálisis en América Latina, testimoniadas en una abultada bibliografía. Recordemos que el pensamiento freudiano ya venía estigmatizado desde antes de la Revolución Rusa.

versiones restantes que apenas llegan a interesarnos hoy como documentos de época para debate del historiador.[20]

Tal vez haya que pensar que las constantes disidencias que iban fragmentando los grupos de creación colectiva tengan que ver con esta producción del $. Más que una cuestión relacionada al ejercicio del poder, el discurso de la Universidad que animaba estas experiencias —paradojalmente, salvo el caso cubano, todas ellas realizadas al margen de las burocracias institucionales del Estado— reproducían el carácter burocrático ya tradicional de las izquierdas lúcidas para las que siempre hay un S_1 en disyunción con un $ que no se sabe cómo abordar y controlar. Muchos de los artistas que participaron de estas experiencias, así como el público al que se dirigían, no estaban en el lugar de ignorancia tan eminente que los grupos le adjudicaban ni tampoco estaban en situación de aceptar el adoctrinamiento por medio del teatro, de modo que terminaban en disidencia con la propuesta, sea creando sus propios grupos, sea olvidando el espectáculo, respectivamente. Salvo la interesante *Guadalupe años cincuenta*, de La Candelaria, creo que ninguno de los textos publicados o elaborados por grupos de creación colectiva fue remontado. En el caso de *Guadalupe*, el remontaje fue hecho sólo por La Candelaria y no sin cierta convicción de museo y auto memoria.

El Discurso de la Histérica

Lacan bautiza este discurso en homenaje a las histéricas que le permitieron a Freud fundar el psicoanálisis, lo cual no significa que no haya varones histéricos. Tampoco el sustantivo femenino es usado por Lacan, como muchos dijeron, en sentido peyorativo y machista. En este discurso tenemos al $ en posición de Agente. Ya dijimos que se trata de un sujeto dividido, que no sabe sobre su deseo y por lo tanto aspira a saber; para ello, demanda ese saber al Amo o a quien se ponga en ese lugar,

---

[20] Ver mi lectura de *El Paraíso recobrao* en el capítulo V de mi *Teatralidad y experiencia política en América Latina*. El texto de la primera versión se puede leer en la *Antología de teatro latinoamericano (1950-2007)*, compilada por Lola Proaño y Gustavo Geirola.

lugar por demás peligroso para el analista y, hasta cierto punto, para el director teatral. Aunque demanda al analista por el saber, aunque supone al analista en el lugar de S_1 como sujeto supuesto saber, la histérica no deja de invalidar las intervenciones de aquél, especialmente cuando se plantean como S_2, como explicaciones totalizantes. El analista, como veremos más adelante, debe medio-decir la verdad, plantearla como un enigma, para que la histérica continúe con su discurso. La histérica, como sujeto del inconsciente[21] desconoce lo que funda su deseo, no sabe lo que dicen sus síntomas, no entiende lo que surge de sus sueños, de sus lapsus, de sus chistes y de otros equívocos y, por todo ello, demanda ese saber, S_2, el saber sobre su destino, a un sujeto supuesto saber; por eso se dirige al S_1, al que imagina completo, *auto*rizado. Lacan nos recuerda que lo que la histérica quiere es un amo y arriesga la hipótesis de que tal vez sea de aquí de donde "partió la invención del amo" (*Seminario 17* 137). Sea como sea, la histérica quiere un amo, pero "sobre el que pueda reinar. Ella reina y él no gobierna" (*Seminario 17* 137). La fórmula de este discurso nos muestra, sin embargo, una disyunción importante entre el saber que el S_1 produce como respuesta —es decir, el S_2— y el objeto *a* que causa el deseo de la histérica. Ese S_2 no la completa, no la satisface, la devuelve a la demanda. La histérica, en cierto modo, dramatiza al deseo como tal, por cuanto simboliza la insatisfacción primordial y su tarea consiste en "su promoción del deseo insatisfecho" (*Seminario 17* 78). La histérica, en cierto modo, confunde al S_1 como el significante de su destino; al no satisfacerse con la respuesta, con el S_2, que no da cuenta del *a*, sucede que el Amo, el S_1, se le aparece como impotente; es que el *a*, en el lugar de la Verdad, no puede ser atrapado ni *en* ni *por* el saber del Amo. De ese modo, la histérica —tan industriosa, como la califica Lacan (*Seminario 17* 34)— modeliza un sujeto inconforme con el saber al apuntar a la impotencia del Amo y a la impotencia del saber, de S_1 y del S_2. La histérica, que busca un Amo, quiere que

---

[21] Obviamente, no están excluidos los varones, especialmente si se trata de místicos, capaces de colocarse, como la mujer, del lado del no-todo (*Seminario 20* 92); Lacan no intentó discriminarlos al usar el femenino para designar este discurso; más allá de hacer un homenaje a las pacientes de Freud, sin las que éste no hubiera fundado el psicoanálisis, hay también un desarrollo muy complejo en cuanto a la relación de la mujer con el goce, que no podemos desarrollar en esta oportunidad.

se sepa que el lenguaje "no alcanza a dar la amplitud de lo que ella, como mujer, puede desplegar con respecto al goce" (*Seminario 17* 35) y además le importa que el otro, al que llama hombre, "sepa en qué objeto precioso se convierte ella en este contexto de discurso" (*Seminario 17* 35). Se trata de un saber impotente para actuar sobre el deseo y por ello podemos decir que el deseo es ineducable.[22] Resulta interesante para nosotros los teatritas citar a Lacan cuando nos advierte que el discurso de la histérica "existe y existiría de todos modos, haya o no haya psicoanálisis" (*Seminario 17* 33), puesto que, de alguna manera, así como la función del psicoanalista es la "histerización del discurso… mediante condiciones artificiales" (*Seminario 17* 33), la tarea del teatrista, como artista —y no necesariamente la del *teatrero*— puede concebirse en los mismos términos.

El discurso de la Histérica y la creación colectiva

<u>Colec/tivo</u>   →   <u>Marx-Brecht-Partido-Pueblo-Público</u>
Pueblo-Público   Puesta en escena

Podemos especialmente pensar. en el encuadre de este discurso, la figura del actor y de otra modalidad de director en el lugar del Agente. Sin embargo, antes de hacerlo, me parece que conviene retomar el tema de la dramaturgia de creación colectiva, que nos había ya convocado con el discurso de la Universidad. Aproximarnos a la creación colectiva desde el discurso de la Histérica va a plantearnos una perspectiva diferente, si se quiere más trágica que al pensarla desde el discurso de la Universidad. Pongamos al colectivo en posición de Agente, que en el discurso de la Histérica es el $, el sujeto dividido que no sabe sobre su deseo y demanda este saber al otro, que en este discurso resulta ser el S_1, el significante Amo. ¿A qué Amo se dirige el colectivo? Por lo que ya vimos en el discurso anterior, los dos grandes Amos a los que se apeló en los años setenta, si los pensamos desde la autoría, fueron Marx y Brecht, en cualquiera de las

---

[22] Para Lacan, y siguiendo a Freud, gobernar, educar, analizar y hacer desear son operaciones o profesiones reales, es decir, imposibles (*Seminario 17* 179, 186-7).

variantes del marxismo o del brechtianismo. Ya no funcionan aquí como garantía del saber, tal como lo vimos en el discurso de la Universidad, sino como otro al que se les demanda el saber sobre el deseo (político) del colectivo. Dijimos también que fueron pocos integrantes del colectivo los que habían leído y estudiado a esos autores alemanes y por tal razón el colectivo invitaba a sus miembros a realizar esas lecturas y discutirlas en diversos foros. Obviamente, la demanda a Marx no se hacía en función de un deseo por el saber teatral, ya que para eso se leía a Brecht. Ambos autores, no obstante, no podían responder por el deseo del colectivo, no tanto porque no estuvieran vivos —como sería el caso del analista en ese lugar— sino porque su acceso estaba previamente estigmatizado por múltiples interpretaciones y censuras generadas desde el mismo seno de la izquierda política. Marx y Brecht siempre respondían desde sus escritos y, como siempre ocurre y ya vimos para el discurso del Amo, si *parecían* hacerlo era bajo la forma de una guía, de un manual o de una confirmación de lo que supuestamente el colectivo creía saber de ellos, es decir, los Amos respondían de la peor manera, como el peor de los analistas, postulándose como modelos o ideales a obedecer, no a cuestionar.

Es posible imaginar otro amo para el colectivo, otro S_1 viviente, al que se postula como sabiendo todo lo relativo al deseo de los teatristas: el público, el pueblo, el gran soberano. Como todos sabemos, se investigaba al público y se abrían debates al final de las funciones, los que llevaban a revisiones exhaustivas de los espectáculos. El público como S_1, en el lugar del otro —que había demandado en principio la respuesta teatral del grupo— tenía la última palabra; se lo colocaba como un sujeto supuesto saber del que se esperaba una respuesta total, un S_2, sobre el destino del grupo, sobre el objeto *a* causa del deseo del colectivo, que éste obviamente, tal como lo manifiesta la disyunción en el algoritmo lacaniano, estaba por estructura condenado a desconocer. El Teatro del Oprimido de Augusto Boal, sobre todo en su primera etapa antes del exilio en Europa, es un ejemplo elocuente de este discurso. Como lo demuestra el público en el lugar del otro como S_1, no se trataba —como en el discurso anterior— de transmitirle un saber fundado en el pensamiento de izquierda, no se trataba tampoco de conocer al público o al pueblo, sino de demandarle un saber sobre el deseo del colectivo. Como no podemos obviar la cuestión del poder que subyace a todos estos discursos, resulta que la creación colectiva, vista desde este discurso de la histérica, aparece en el lugar del Agente como autorizándose en el público, pero a la vez queriendo dominarlo, como necesitando tener un Amo, pero no para obedecerlo sino sobre el cual reinar.

¿Pero en qué pueblo-público pensaban los integrantes del colectivo? Así como la histérica confunde al S_1 con su destino, el colectivo cree que el pueblo es su destino. Para jugar con la ironía lacaniana sobre la invención del amo en la histérica, cabe la posibilidad de pensar que ese "pueblo" como una plebe indiferenciada, totalmente homogénea y oprimida, tal como la imaginaba el colectivo en aquellos años, no haya existido y hasta haya sido una construcción imaginaria homogénea, una invención del colectivo mismo. No sería así casual que, más tarde, los estudios subalternos, el feminismo, los estudios culturales, la teoría *queer* y los estudios de minorías vinieran a traernos una idea menos homogénea del pueblo-público. El saber que S_1 produce como respuesta, el S_2, no conforma al colectivo, no lo completa, no satisface su demanda de saber sobre su deseo y por eso el colectivo retoma su tarea con una nueva demanda al S_1 de la que, seguramente, surgirá un nuevo S_2 bajo la forma de un nuevo espectáculo. La paradoja aquí yace en el hecho de que, estando el colectivo en el lugar del Agente, quiere dominar al otro, al público, proponiéndole un espectáculo que muestre la cara real de la estructura económica y de la dominación capitalista que la ideología esconde, que (supuestamente) el pueblo desconoce, pero a la vez sostenga al pueblo como S_1, como Amo de un saber completo. Lo que se produce, como vimos, es un saber que no satisface al colectivo en cuanto a su deseo, que es —tal como se lo planteaba en aquella época— la liberación de la opresión capitalista, la fundación de un hombre nuevo y el socialismo. El pueblo no le responde con el saber sobre el *a*, que se ubica en el lugar de la verdad, y entonces el colectivo —tan industrioso— sospecha que ese pueblo debe ser impotente, es decir, estar demasiado alienado para decir algo sobre ese *a* que —como sabemos— no puede ser atrapado por ningún saber. De ese modo el colectivo, en este discurso de la histérica, termina permanentemente inconforme, insatisfecho del saber total y del amo y, por esa vía, termina concluyendo en ese más allá de su inicial impulso pedagógico, al darse cuenta de que el deseo —el propio o el de cualquier otro, incluso el del pueblo-público— es ineducable. Y esto va a promover un nuevo saber, un nuevo S_1 que, en el caso de nuestras dramaturgias, podríamos pensar como la actual dramaturgia de actor.

El discurso de la Histérica y la dramaturgia de director

$$\begin{array}{ll} \underline{\text{Director}} \quad \rightarrow & \underline{\text{Actores-Público}} \\ \text{Puesta en escena} & \text{Improvisación} \end{array}$$

Hay otra modalidad de la dramaturgia de director que podría también pensarse desde el discurso de la Histérica. Se trata del director que, en posición de Agente como $, llega al ensayo con más dudas que certezas. En el lugar del otro, vemos el S_1, que se encarna para él en sus actores y equipo, a los que venera y de los que espera le devuelvan un saber sobre su deseo. Es difícil encontrar esta modalidad en el teatro comercial; los directores que se colocan en esta posición, aunque no en la forma pura que aquí le damos, suelen trabajar en el teatro independiente. Casi siempre actores ellos mismos, los directores de este tipo van al ensayo apenas con el texto leído y no saben bien cómo será la puesta en escena; prefieren ir construyéndola a partir del trabajo de improvisación con los actores, ya que esperan todo de ellos. Este director cree que son los actores los que realmente saben sobre lo que él quiere hacer; es en el trabajo de improvisación donde los actores le devuelven —así lo espera— el saber sobre su objeto *a*. El peligro que corre, obviamente, es montar lo que le sugieren sus actores, tal como sale de las improvisaciones, como se si tratara de palabra santa. Usualmente eso no ocurre, porque justamente por ser un $, su estrategia es, como ya hemos visto, buscar un amo que no gobierne para reinar sobre él. De alguna manera, busca en sus actores la autorización y autoridad que necesita para ello y, en consecuencia, de alguna manera se los inventa como amo. El S_2 que le proponen sus actores no lo satisface totalmente y por eso se mantiene como $, en tanto hay una disyunción entre lo que los actores proveen y la causa de su deseo. Esto lo obliga a volver a la demanda una y otra vez y por eso en este tipo de encuadre el trabajo teatral puede durar muchísimo tiempo, ya que siempre siente que hay algo inatrapable por el discurso y el saber de sus actores, algo que lo mantiene en constante insatisfacción. Incluso después del estreno, siente que hay que continuar trabajando —ya nos advirtió Lacan sobre el carácter industrioso de la histérica— y por lo tanto no deja de programar más ensayos de ajustes. Como sus actores no terminan de satisfacerlo, este director puede recurrir al público como S_1, entonces hace pre-estrenos o debates al final de cada función, que lo devuelven a la demanda. No obstante, al proceder de esta manera, tiene la probabilidad de dejar emerger un S_2 novedoso, que abre un nuevo período de su trayectoria o del paradigma teatral. Este tipo de director, que en general se convierte en maestro o en figura excéntrica pero admirada, logra el objetivo de hacerle saber a los actores de su entorno teatral, a los críticos y al público en general lo que él significa para la cultura teatral de su ciudad o su país, como si fuera ese "objeto precioso" del que nos hablaba Lacan con respecto a la histérica.

Pequeño excurso sobre el saber

Es el momento de plantear, aunque muy brevemente, la cuestión del saber, antes de introducirnos en el discurso del Analista. Hay "un saber que no se sabe" (*Seminario 17* 33), dice Lacan. Y también nos planteó que el psicoanálisis estaba del lado del saber y no del conocimiento; aunque no podamos ir aquí muy lejos, baste decir que esta afirmación tiene consecuencias definitivas respecto a cómo se entiende el psicoanálisis como disciplina. Ese saber del que nos habla Lacan es una red (*Seminario 17* 11), es decir, una red de significantes. También nos recuerda que llamó "*saber* al goce del Otro" (*Seminario 17* 12), goce "del cuerpo del otro que lo simboliza" (*Seminario 20* 12). Y más adelante nos plantea que "[e]l saber es lo que hace que la vida se detenga en un cierto límite frente al goce" ((*Seminario 17* 17), ya que "el camino hacia la muerte no es nada más que lo que llamamos el goce" (*Seminario 17* 17). Hay que entender así la función del fantasma, como protegiendo al sujeto del goce, según se aprecia en la famosa fórmula del fantasma $\$ \Diamond a$, donde el rombo o losange opera como pantalla frente al objeto *a*. Este corpus de citas puede provocarnos muchas interrogantes en el campo teatral. No vamos a proceder ni a enumerarlas ni a comentarlas. Vamos a atenernos aquí solamente a un aspecto que puede resultarnos auspicioso para nuestro trabajo con los cuatro discursos y las cuatro dramaturgias.

En efecto, resulta evidente que hay un saber consciente, pero lo que descubre Freud, trabajando con las histéricas, es el inconsciente, que Lacan plantea como estructurado *como* un lenguaje; y nos aclara bien: no *por* un lenguaje, en la medida en que el inconsciente está estructurado "como los conjuntos de los que se trata en la teoría de conjuntos[,] son como letras" (*Seminario 20* 62). Desde la perspectiva hegeliana, el esclavo antiguo está caracterizado como "soporte del saber" (*Seminario 17* 17) y el Amo sólo vive de lo que su esclavo produce para su goce, sin necesidad de saber. El esclavo posee un saber-hacer, sin embargo, esto no alcanza para fundar un saber que se sepa a sí mismo, un saber autoconsciente de sus fundamentos, una *episteme*. Platón —nos recuerda Lacan siguiendo a Nietzsche— al hacer hablar al esclavo siguiendo las precisas preguntas formuladas por el maestro, se encargó del "robo, el rapto, la sustracción del saber a la esclavitud por la operación del amo" (*Seminario 17* 20) y de distinguir el saber articulado, trasmisible, del saber-hacer que, aunque no totalmente sin articulación por el lenguaje, se emparenta no obstante con lo animal, en la medida en que el instinto es un saber, el saberhacer automático de la vida, en animales y humanos. Pero, no hay que olvidar que el ser humano es tal no por lo instintual sino por la dimensión de la pulsión y del deseo.[23] En consecuencia, la *episteme* es el saber trasmisible, una vez que ha pasado —bromea Lacan— del bolsillo del esclavo al bolsillo del amo, como si se tratara de "una transferencia bancaria" (*Seminario 17* 22). La *episteme* es el saber del amo; se trata de la ciencia, en tanto "saber

---

[23] Aunque Freud supervisó en cierto modo la traducción al español de su obra realizada por López Ballesteros, la confusión entre instinto y pulsión (*Instinkt* y *Trieb*) tuvo que ser considerada en la traducción publicada por la Editorial Amorrortu, habida cuenta de las tremendas consecuencias teóricas que derivaron de la traducción del *Trieb* como instinto.

completamente autónomo del saber mítico" (*Seminario 17* 94). La ciencia "rechaza y excluye la dinámica de la verdad" (*Seminario 17* 95); es un saber que reprime lo que habita en el saber mítico, que es un "saber disjunto, tal como lo encontramos en el inconsciente" (*Seminario 17* 95) y por eso el psicoanálisis interroga a la ciencia. Desde la perspectiva del Amo, el discurso del inconsciente parece decir tonterías, pero en ese saber insensato,[24] que no se sabe, que no puede dar todos los fundamentos, es donde reside el goce, y el campo del goce es el campo lacaniano (*Seminario 17* 86), puesto que el discurso del Amo y el seudo-discurso capitalista no cesan de producir goce y, en consecuencia, el S_1 "no sólo induce sino que determina la castración" (*Seminario 17* 93). Lacan va a mantener esta dimensión oracular de la palabra en análisis y por lo tanto esta relación entre el mito y la verdad, de raigambre freudiana. En el *Seminario 18* hará una referencia implícita al ensayo de Freud de 1937 sobre las construcciones en psicoanálisis; como sabemos, según el maestro vienés, la aceptación o no del analizando de una interpretación no corrobora su exactitud o inexactitud; no se trata del tema de verdade-ro/falso de la lógica. Lo que corrobora la interpretación del analista son los efectos posteriores que pueda provocar en el analizante (nuevos lapsus, nuevos sueños, etc.). De ahí que Lacan plantee al psicoanálisis como ciencia conjetural, y por tanto nos diga:

> Si la experiencia analítica se ve implicada por tomar sus títulos de nobleza del mito edípico, es porque preserva lo tajante de la enunciación del oráculo y, más aún, porque la interpretación sigue siempre allí en el mismo nivel. Solo es verdadera por sus consecuencias, exactamente lo mismo que el oráculo. La interpretación no se somete a la prueba de una verdad que se zanjaría por sí o

---

[24] Lacan insiste en el *Seminario 20* que "el sujeto no es el que piensa. El sujeto es propiamente aquel a quien comprometemos, no a decirlo todo, que es lo que le decimos para complacerlo—no se puede decir todo—sino a decir necedades [puesto que] con estas necedades vamos a hacer el análisis, y entramos en el nuevo sujeto que es el del inconsciente" (*Seminario 20* 31). Esto también se relaciona con lo del significante tonto que Lacan menciona en el mismo seminario. He aquí una puerta de entrada a la práctica de improvisación durante el ensayo teatral desde el discurso de la histérica; la improvisación resulta muy diferente, por ejemplo, desde la dramaturgia de director o de la creación colectiva ambas basadas en el discurso de la universidad.

por no, ella desencadena la verdad como tal. Solo es verdadera en la medida en que se sigue verdaderamente. (*Seminario 18* 13).

Aunque las preguntas que el amo le hace al esclavo en los diálogos platónicos son irrisorias —preguntas de amo cuyas respuestas ya están de algún modo implicadas en las preguntas, con lo cual se quiere demostrar que el esclavo sabe lo que no sabe (*Seminario 17* 159)— el objetivo de arrebatarle el saber al esclavo se ha cumplido. En cierto modo, las reglas del diálogo con el esclavo, impuestas por el Amo —como muchas veces ocurre durante un ensayo teatral o como pueden observarse en Strasberg— son las que llevarán al Amo, aunque más no fuese, a ser capaz de formularlas trasvasándolas luego a un discurso epistémico que, obviamente, confirma su idea inicial. En esta línea, Lacan va a mostrarnos que el Amo sabe, que no es el goce el privilegio del amo, sino que hay que ver "cómo se articula la posición del esclavo respecto del goce" (*Seminario 17* 21). El saber del esclavo, pues, se ha transformado en el saber del Amo, un saber mal adquirido, aunque teórico, que no se convierte en fuerza de dominio sobre el esclavo por el solo hecho de ser teórico, sino cuando se plantea como una ciencia, es decir, cuando se extrae "la función del sujeto de la relación estricta de S_1 con S_2", operación realizada por Descartes (*Seminario 17* 21).

El seudo-discurso capitalista[25]

Si la filosofía es el discurso del amo antiguo, la ciencia es el discurso del amo moderno, y por eso mucho más cercano al discurso de la universidad y, por esa vía, hoy cómplice del neoliberalismo tal como podemos verlo en el seudo-discurso capitalista que Lacan agregó a los cuatro discursos. Seudo-discurso, en efecto, ya que el discurso capitalista no hace lazo social; muy por el contrario, tiende a disolverlo, a desintegrarlo, con efectos políticos precisos y devastadores a nivel de la comunidad. En este

---

[25] No vamos a explayarnos aquí sobre este discurso. El lector puede consultar dos ensayos de mi autoría: "Justicia, neoliberalismo y extimidad: A propósito de *Hambre*, de Merly Macías" y "Patriarcado, crimen y sociedad postedípica en dos obras de Hugo Salcedo: Hacia un teatro de emancipación".

discurso del amo moderno el plus de goce se cuenta, se contabiliza, se calcula, se totaliza y empieza así "lo que se llama la acumulación del capital (*Seminario 17* 192). Lacan va luego a darnos la fórmula del discurso capitalista, en cierto modo, como otro estilo del discurso del amo (*Seminario 17* 180).

$$\begin{array}{c} \textit{Discurso capitalista} \\ \underline{\$} \rightarrow \underline{S_2} \\ S_1 \; // \; a \end{array}$$

La filosofía, que le ha expropiado el saber al esclavo y que ha fundado un saber de amo (*Seminario 17* 159), en tanto arma de fascinación frente el esclavo, pierde frente a la ciencia, frente a la articulación significante, su capacidad fascinadora en beneficio del amo. Como el saber está aquí entendido como medio de goce —"el saber es medio de goce" (*Seminario 17* 284)— y como "el esclavo es el único posesor de los medios de goce" (*Seminario 17* 84), ya no resulta posible sostener que el trabajo produce saber ("ningún trabajo engendró nunca un saber" [*Seminario 17* 84]),[26] ni tampoco que hay un deseo de saber que conduce al saber —lo que plantea consecuencias serias en el discurso pedagógico que solemos sostener sin cuestionar— ni en el amo ni el esclavo. El Amo sólo quiere que la cosa funcione, "que la cosa marche" (*Seminario 17* 22), no necesita saber; sin embargo, lo que (lo) conduce al saber es el discurso de la histérica, que le muestra al Amo su falta y, en consecuencia, abre la posibilidad de nuevas preguntas, de nuevos S_1. De modo que ni el discurso del Amo ni el discurso de la Universidad conducen al saber como medio de goce; a lo sumo, conducen al conocimiento, a la trasmisión de una *episteme* desentendida de la verdad.

Es por ello que, en este brevísimo y apurado excurso, queríamos dejar planteada una vía para pensar la praxis teatral como arte que no se desentiende de la verdad, que funda su base política en tanto se ocupa del

---

[26] Obviamente, esta referencia debe ser debatida y en cierto modo parece ser contradictoria con lo que el mismo Lacan siempre enfatizó, en relación al inconsciente como un saber que piensa e incluso trabaja, de ahí que hablemos del "trabajo del sueño" (*Televisión* 97).

goce, ya que la verdad del discurso del Amo más que oculta está, dice Lacan, *comprimida* y, por lo tanto, "tiene que desplegarse para ser legible" (*Seminario 17* 83). En cierto modo, fundamos aquí el diálogo entre psicoanálisis y praxis teatral; ésta estaría encargada de proponer espectáculos donde se despliega la verdad como letra, no para ser contemplada u oída, a la manera del un dogma, sino de ser leída y escuchada, operaciones fundamentales del discurso del Analista. La relación del teatrista con el público se halla, pues, en la misma relación que el analista con su analizante: hay que vérselas con un otro que no quiere saber nada de la verdad de su deseo (*Seminario 17* 67).[27] Del analista, como del teatrista, se espera no que diga toda la verdad —cosa imposible— sino que "haga funcionar su saber como término de verdad. Precisamente por eso es por lo que se encierra en un medio decir" (*Seminario 17* 56). En *Televisión*, Lacan plantea que es "materialmente imposible" decir toda la verdad, ya que faltan las palabras. Y agrega: "Precisamente por este imposible, la verdad aspira a lo real" (83). La semiótica, como ciencia, no escapa a su propia determinación: nunca pudo entender, en su afán de categorización sistemática, que la 'verdad' de un texto dramático y/o espectacular, siempre apareciera como fugada de sus casilleros.

El Discurso del Analista

Discurso del Analista

$$\frac{a}{S_2} \rightarrow \frac{\$}{S_1}$$

Como se aprecia por su fórmula, es el reverso del discurso del Amo, de modo tal que podemos ver al analista en el lugar del Agente; el analista se coloca como semblante del *a* del sujeto $\$$ y por eso veremos a S_1 en el lugar de la Producción, en la medida en que, al renunciar a toda

---

[27] Lacan elabora conceptualmente las diferencias respecto a la necesidad, la demanda, el deseo y el goce. Es imprescindible discutir en el futuro estas cuestiones tal como aparecen en la praxis teatral. Una primera aproximación la realicé en mi ensayo "La praxis teatral y lo político: la demanda, el teatrista, el público".

pretensión de dominio y legislación, deja al significante Amo en disyunción con S_2. El analista, dice Lacan, trata de ocupar ese lugar de Agente como un *a*, que determina su discurso, para indicar justamente que "no está ahí en absoluto, por sí mismo" (*Seminario 17* 56), sino allí "donde estaba el plus de goce, el gozar del otro, adonde yo, en tanto profiero el acto psicoanalítico, debo llegar" (*Seminario 17* 56). Sin embargo, no hay manera de que el *a*, en tanto goce, sea interpelado, evocado, acosado o elaborado más que a partir de un semblante, es decir, de una imagen que oficia como envoltura o vestimenta del objeto *a* (*Seminario 20* 112). Al poner el *a* en el lugar del semblante y al jugar el muerto, el analista no sólo no legisla o intenta dominar el deseo del $, sino que frustra su demanda, la que el $ le dirige al analista como sujeto supuesto saber. Además, al responder con enigmas, con un medio-decir la verdad, el analista promueve que el otro se perciba como $ y continúe abierta la posibilidad para nuevos sueños, nuevos lapsus, nuevos tropiezos. En este sentido, el que analiza es el analizante, en la medida en que el discurso del Analista se instala precisamente para que el sujeto se confronte con los agujeros propios de su decir.

Lacan plantea que esta posición del analista es muy difícil, pero el psicoanálisis solo se sostiene allí: el discurso del analista "debe encontrarse en el punto opuesto a toda voluntad, al menos manifiesta, de dominar. Digo *al menos manifiesta*, no porque tenga que disimularla, sino porque, después de todo, es fácil deslizarse de nuevo hacia el discurso de dominio" (*Seminario 17* 73). El analizante, el sujeto dividido, supone que el analista tiene algún saber sobre su deseo, un saber que va a completar o llenar esa falta-en-ser que es su *a*, causa del deseo. Pero el analista no responde a esa demanda, porque como vemos, la barra del algoritmo lo separa del S_2; el analista, en posición de Agente como *a*, no puede colocarse como ideal para el analizante (Ideal del yo) ni dar la impresión de poseer una verdad sobre el deseo del aquél. Como el analista rehúsa ponerse en posición de Amo, su función es responder con enigmas para frustrar las demandas de sentido del analizante y mantenerlo en su trabajo con su deseo para ir deponiendo las máscaras en las que éste ha quedado alienado. "Estamos —dice Lacan pensando en los analistas— ahí para conseguir que sepa todo lo que no sabe sabiéndolo" (*Seminario 17* 119). Por eso el analista no le ofrece una imagen de saber y poder para que el analizante se aliene una vez más en ella y menos aún intente imitarlo; al contrario, al estar en esa posición de *a*, el analista evoca el plus de gozar inalcanzable y devuelve al analizante a las preguntas básicas sobre quién es y quién habla en él, de ahí que S_2 en el lugar de la Verdad oficie (también) como el saber inconsciente del analizante.

Al enfrentarlo al medio-decir del enigma —"el medio decir es la ley interna de toda clase de enunciación de la verdad" (*Seminario 17* 116)— el analista pone al analizante otra vez en circunstancia de enfrentarse a su falta-en-ser, le permite así expulsar las imágenes que lo han cautivado. Lacan piensa que el psicoanálisis propone esa "operación insensata [por cuanto] se compromete a seguir la huella del deseo de saber" (*Seminario 17* 112), invitando al analizante a decir cualquier cosa; "—Venga, diga todo lo que se le ocurra, por muy dividido que esté, por mucho que demuestre que usted no piensa o que usted no es nada en absoluto, la cosa puede funcionar, lo que produzca siempre será de recibo" (*Seminario 17* 112). Obviamente, la verdad a la que accede el analizante no tiene por qué "ser siempre benéfica" (*Seminario 17* 112), pero además Lacan nos plantea que ese S_2, en tanto corpus de saber del psicoanálisis, tal como lo muestra el algoritmo, tiene que quedar suspendido en cierto modo, porque no se trata de aplicar recetas universalizantes frente al $, ya que cada analizante es un caso y el analista procede caso por caso. Y cada caso puede poner en emergencia partes de la teoría, como le ocurrió a Freud. No se trata de "aplicar" el psicoanálisis, tarea imposible, sino de enfrentar cada caso para replantear la teoría; se trata, no de una teoría como *modelo* que encorseta el objeto, ni tampoco de una teoría que constata la verdad del objeto, sino de teoría en contexto de descubrimiento, de creatividad, de invención, por eso podemos trabajar con el psicoanálisis en la praxis teatral.

El discurso del Analista y la dramaturgia de actor

¿Cuál de nuestras cuatro dramaturgias podría ajustarse o acercarse más al discurso del analista? Es una pregunta difícil de responder. Si revisamos lo ya discutido en este libro y planteamos la idea de dramaturgia a partir de un Agente en posición de poder, resulta evidente que ninguna de ellas podría ser capaz de ejemplificar el discurso del analista. La proposición inversa también resultaría posible, si imaginamos un autor, un director o un grupo que admitiría colocarse en posición de *a*, en posición de recusar el poder sobre el otro, lo que no parece ser lo más común. La posición del Agente en tanto semblante del *a* en el discurso del analista es difícil de sostener, pero no imposible, sin embargo, esto no parece ser lo habitual en la praxis teatral. Como lo dice Freud en sus ensayos técnicos: "No quiero decir que al médico siempre le resulte fácil mantenerse dentro de las fronteras que la ética y la técnica" (*O.C* 12: 172).

Si ahora quisiéramos hacer justicia, lo más conveniente sería preguntarnos si la dramaturgia de actor es la más cercana al discurso del analista. Y entonces nos vemos obligados a definir la dramaturgia de actor. La palabra 'justicia' toma aquí sentido desde una perspectiva histórica: al menos desde los inicios del siglo XVII, desde los inicios de la modernidad occidental, el actor es el que ha sido de alguna manera el más marginado del proceso *creativo* teatral. Durante mucho tiempo estuvo sometido a la palabra del autor y del texto, y más tarde a los proyectos y mandatos del régisseur o del director; finalmente, a veces no sin cierto sentido un poco más democrático, también apareció sometido a la difícil dinámica del grupo, del colectivo. Sin embargo, su función se limitó, con diversos márgenes para su ejercicio, a la función de *intérprete*. Gran parte de las técnicas de formación actoral se dirigen a lograr ese intérprete, es decir, un profesional capaz de alcanzar en el menor tiempo posible y con la mayor eficacia imaginable los rendimientos esperados por una producción cuyos parámetros o beneficios económicos, estéticos y políticos les son, en general, ajenos.

Ya hemos visto cómo la figura del actor toma cierta preponderancia desde la perspectiva del discurso de la Universidad y del discurso de la Histérica, cuando hablamos de la creación colectiva. Sin embargo, nos topamos ahora, tal como anticipamos al comienzo de este ensayo, con la necesidad de discutir algunas cuestiones ligadas a la dramaturgia de actor que, históricamente al menos, se conectan con la creación colectiva.

Los discursos lacanianos y las dramaturgias

Dejando de lado la tentación de explayarnos sobre la extensa bibliografía sobre este tópico —no siempre inclinada a definir sus propios términos— vamos a intentar puntualizar algunas cuestiones necesarias para entrever la posibilidad de una dramaturgia concebida en la dimensión del discurso del analista. Tal vez convenga aquí la distinción que hace Patrice Pavis entre *collective creation* y *creative collective*. Pavis defie a ésta última como "a collectivity of meaning and a collective subject of theatrical enunciation" (63). De alguna manera, esta "creative collective" puede remontarse a toda expresión comunitaria performativa. La cuestión ya había sido abordada por Platon Michailovic Eržencev (1881-1940) cuando en su libro *Il Teatro Creativo. Teatro proletario negli anni '20 in Rusia* se plantea la necesidad de abrir un espacio para la creatividad colectiva durante la Revolución Rusa, una manera de darle al teatro un valor de uso poniendo a disposición de todos la actividad expresiva. En parte, con variaciones, este proyecto es retomado por Boal. Esta tendencia tendrá desarrollos más tarde en lo que hoy conocemos como teatro comunitario.[28] La creatividad colectiva sería así una forma generalizada de la dramaturgia de actor pero, sin duda, sus resultados no podrían alcanzarse sin una organización, en general piramidal, de la producción del espectáculo.

Respecto a la dramaturgia de actor en el campo más acotado de la praxis teatral, podemos toparnos con la definición que Eugenio Barba dio en la novena sesión de la ISTA en mayo de 1995:

> Dramaturgia del actor quiere decir, antes que nada, capacidad de construir el equivalente de la complejidad que caracteriza las acciones en la vida. Esta construcción, que se percibe como personaje, debe tener un impacto sensorial y mental sobre el espec-

---

[28] Ver más adelante mi ensayo "La creación colectiva y el teatro creativo en la perspectiva de Platon Michailovic Eržencev y la Revolución Rusa". Como al momento de publicar este libro el ensayo mencionado ya no estaba disponible online, lo he incluido como adenda.

tador. El objetivo de la dramaturgia del actor es la capacidad de estimular reacciones afectivas.[29]

Esta aproximación, amplia y hasta en cierto modo tradicional, a pesar de asumir la forma de una definición, tiene un sentido bastante ambiguo y hasta casi impreciso, en la medida en que los términos utilizados no tienen una referencia teórica determinada, sino cierto horizonte de supuesta compresibilidad por parte del lector. Sin embargo, planteada en el marco de una reflexión sobre ejercicios de actuación y de las acciones físicas, la definición barbiana está orientada al trabajo del actor para lograr un efecto psicológico en el espectador. Como veremos más adelante, mientras para Barba el espectador "reacciona", para Buenaventura el espectador "modifica" el espectáculo. Para Boal, en cambio, el público se convierte en hacedor, en tanto asume funciones de espect-actor. Y esto no es sin consecuencias: dos concepciones del sujeto se debaten aquí. Barba hace una aproximación técnica al actor y al cuerpo del actor, válida en su contexto de instrumentación, casi pavloviano, pero que poco puede iluminar nuestro campo de trabajo con el psicoanálisis, a pesar de usar la palabra "construcción" que también aparece en el vocabulario freudiano.

La dramaturgia de actor, que históricamente quedó invisibilizada por las de autor y director, comienza a emerger otra vez en el siglo XX. Obviamente, al contraponerla a las de autor y director, se la conecta a la creación colectiva, que a su vez pone en primer plano la idea de improvisación y la de escritura. Resulta evidente que el actor, a su manera, hace dramaturgia, aunque no se aperciba de ello. Pero esa dramaturgia de actor no parece estar demasiado clara, no responde a una sola concepción y vuelve a quedar amenazada por las otras dramaturgias. Así, la improvisación, una de las áreas históricamente más ligada a la práctica actoral, puede también ser apropiada por el autor. Según Mauricio Kartun, el autor "produce una especie de improvisación imaginaria en la que percibe —simultánea y paradójicamente— a través de sus propios ojos, y de los sentidos

---

[29] Ver el ensayo de Eugenio Barba "Un amuleto hecho de memoria. El significado de los ejercicios en la dramaturgia del actor".

de esos personajes encarnados".[30] La idea de escritura también se amplía; ya no se limita a la escritura del texto verbal, sino que la puesta en escena, concebida como una partitura,[31] es pensada en términos de escritura escénica de la que participarían creativamente múltiples artistas, entre ellos el actor. La creación colectiva, además, ha sido pensada de múltiples maneras y, como veremos, no es un producto que surja, como plantea Patrice Pavis en su *Diccionario de Teatro*, en la década del 60 del siglo XX.

---

[30] En Gabriela Borgna, "Escribir en un espacio y un cuerpo emocionados", Citado por María Fernanda Pinta en "Dramaturgia del actor y técnicas de improvisación. Escrituras teatrales contemporáneas".

[31] La idea de partitura escénica, que definiría el espectáculo, proviene fundamentalmente de Stanislavski y sobre todo de Mayerhold. Con ella se intenta acercar la puesta en escena a la música. También ha servido para intentar conceptualizar la práctica del actor; surge así la idea de subpartitura, a partir del subtexto, tal como lo planteaba Stanislavski (Barba), que trataría de incluir lo kinestésico, lo gestual, las acciones físicas, lo emocional, etc. Obviamente, el actor sería quien asume aquí la autoría. La partitura incluye lenguajes no verbales y eso complica su escritura. Sin embargo, poco o nada ha logrado la semiótica —sobre todo limitada por su concepto de signo— en alcanzar una escritura equivalente a la musical, para dar cuenta de los múltiples códigos y lenguajes involucrados en la puesta en escena. Tal vez habría que retomar estas cuestiones desde el significante. Lacan retoma la idea de partitura y de polifonía a partir de su lectura de Levi-Strauss, de Søren Kierkegaard y de Freud, en relación a la repetición, la voz como objeto *a*, el silencio, el anagrama saussureano, la letra y otros conceptos de la praxis analítica. Queda pendiente una investigación sobre estos temas en la praxis teatral.

La dramaturgia de actor y la creación colectiva

De todo lo que he podido leer sobre la dramaturgia de actor, tal vez el texto temprano más iluminado e iluminante resulte el de Enrique Buenaventura, "La dramaturgia de actor", fechado en Cali en 1985.[32] Conviene aproximarse a este texto brillante, para despejar algunas cuestiones antes de retomar la dramaturgia de actor desde el discurso del Analista. El maestro colombiano, basando su entusiasmo en los estudios de semiótica teatral, tan de moda en su época, comienza diferenciando la literatura dramática del teatro. Sólo la primera puede ser pensada como un género literario. El teatro es el espectáculo y el lenguaje verbal es solo uno más entre los lenguajes visuales y sonoros involucrados en la puesta en escena. El teatro "no es ni más ni menos que el momento efímero en el cual se produce una relación entre actores y espectadores" y aunque Buenaventura no oculta su entusiasmo por la semiótica teatral que tanto prometía por aquel entonces, no deja sin embargo de situar sutilmente una problemática: por un lado, el hecho teatral es efímero e irrepetible; por otro lado, surge la pregunta de cómo podría sostenerse una semiótica que diera cuenta de ello y para qué serviría. ¿Habría que hacer un análisis semiótico cada vez que se presenta el espectáculo?

A su manera, Buenaventura está planteando algo muy cercano a lo que el psicoanálisis tuvo que enfrentar como disciplina: por un lado, la necesidad de establecer una teoría y una técnica y, por otro, la certeza de que no se puede generalizar ni universalizar, de que el psicoanálisis opera caso por caso, de que cada analizante replantea la teoría en su totalidad y que el analista debe suspender su saber para poder escucharlo. El psicoanálisis no puede ser "aplicado", palabra bastante nefasta, a pesar de su relevancia en la academia, donde es tan usada y abusada. Lo mismo ocurre con el teatro: el espectáculo, aunque su estructura básica "dé la impresión de permanecer intacta", se *modifica* cada vez por la presencia del espec-

---

[32] Más adelante haremos referencia al teatro de intensidades o de la multiplicación de Eduardo Pavlovsky y su impacto en las 'poéticas actorales' de Ricardo Bartís. Ver la entrevista a Bartís en el volumen de Arte y oficio del director teatral en América Latina, dedicada al Cono Sur.

tador. El espectáculo, incluido el actor, es el que se modifica por la presencia de otro sujeto. Buenaventura sitúa el teatro en una dimensión subjetiva cuyas consecuencias afectarán el sentido y, por esa razón, la semiótica fallará completamente, especialmente si se piensa ese sujeto —como se ha hecho en muchas aproximaciones comunicacionales— como de plena conciencia y no como sujeto dividido. Buenaventura, a pesar de ese entusiasmo temporal por dicha disciplina, venía ya considerando desde 1969 la posibilidad de acercarse gradualmente al psicoanálisis, como lo prueba su charla a los actores del TEC, titulada "La elaboración de los sueños y la improvisación teatral",[33] en la cual los aportes de Jakobson sobre metáfora y metonimia intersecan, tal como ocurre en Lacan, con los de Freud en *La interpretación de los sueños* y, por esa vía, con el sujeto del inconsciente. Si el espectáculo, como significante, se modifica por la presencia del espectador, es porque algo en la dimensión de la demanda y del deseo se juega allí. El sentido no es una permanencia que podría admitir una descripción por una semiótica del signo, porque el sentido se hace cada vez —en cada función— a partir de la relación de los significantes allí involucrados. Y donde hay significantes, hay que plantear la dimensión del sujeto dividido. La cuestión que permanece esbozada y que tendremos que enfrentar a partir de las estructuras freudianas, tal como Lacan las ha planteado, es hasta qué punto el espectáculo se enfrenta a más de un sujeto o si, por el contrario, lo sepan o no los participantes —tanto los teatristas como el público— no hay más que tres posiciones subjetivas posibles para "ver" lo que se presenta: neurosis, perversión, psicosis, sobre las que, en otros ensayos, he basado mi propuesta de las estructuras espectatoriales.

En este texto de 1985 sobre la dramaturgia de actor, Buenaventura apelará a Julia Kristeva, cuyos trabajos provienen de una semiótica que conversa con Freud y con Lacan, y a Anne Ubersfeld. Esta vez el maestro colombiano basará su trabajo en el concepto de genotexto como esa matriz "configurada por una gran variedad de textos, literarios o no, donde se gesta un texto literario". Buenaventura concibe la práctica teatral como un genotexto, como una "representación" capaz de generar el texto tea-

---

[33] He trabajado a detalle este texto de Enrique Buenaventura en mi libro *Sueño. Improvisación. Teatro*.

tral, en la medida en que todo dramaturgo escribe para un público determinado, en función de las convenciones y subjetividad de su época, de las disponibilidades físicas y técnicas de su entorno, los actores y estilos de actuación posibles, la historia del teatro, etc. Se prefigura en su texto la incidencia del registro simbólico sobre la dimensión imaginaria. "El escritor de teatro —nos dice— parte de la práctica teatral para desarrollarla o para transformarla". Por lo tanto, la praxis teatral antecede a la producción del texto dramático y éste no es más que el resultado de aquélla; el texto dramático contiene la praxis teatral de la que proviene y frente a la que se sitúa: "la práctica teatral engendra textos que a su vez desarrollan y transforman esa práctica". Por esta vía, Buenaventura intenta desarmar el argumento de que la práctica teatral es la que se realiza a partir de un texto dramático concebido como definitivo, "inamovible en su forma, en la 'letra', e interpretable en la sustancia, en su espíritu". Esta concepción de la práctica teatral parece manifestar, según Buenaventura, más la imposición ideológica de tipo jurídico-religiosa de la modernidad occidental que la verdadera consistencia de la práctica y de la experiencia teatral. Más tarde, a partir de la división del trabajo impuesta por la revolución industrial, se impondrá, sobre la ideología anterior, la división "entre los que 'conciben' y los que 'ejecutan'", que es una variable de la división entre trabajo intelectual y trabajo manual, incluso entre teórico y práctico, completamente antidialéctica. De este marco proviene la idea del actor intérprete, quedando velada la capacidad creativa del mismo. Por todo ello, el montaje —insiste Buenaventura— no puede ser concebido como una traducción o interpretación del texto dramático; aunque no lo dice, también el montaje responde a cierta matriz en la concepción de la dirección y la actuación, en las estéticas vigentes, en el desarrollo tecnológico de los teatros. El maestro colombiano consigna aquí una cita de Ubersfeld que nuevamente subraya su idea del montaje ligado a la puesta en discurso como instancia inevitable para la constitución del sentido; es decir, otra vez la idea de sujeto: el montaje se produce por alguien, para alguien, por alguna razón; sin embargo, no se trata de un "signo", sino de un significante, ya que —como vimos antes— ese sentido se modifica por la presencia del espectador. Lacan decía que la comunicación es un malentendido. El mensaje del emisor no llega tal cual al receptor, lo cual pone a la idea de signo en apuros. Por todo esto, la conclusión es, para Buenaventura, clara y decisiva: "el concepto de dramaturgia no debe reducirse a los textos escritos para el teatro". El primer paso en su intento de redefinir la dramaturgia ha sido franqueado; Buenaventura no concibe la dramaturgia como ligada estrictamente a lo verbal, al texto dramático, al autor, a la literatura.

Procederá inmediatamente, después de esa instancia negativa, a explorar la consistencia de la dramaturgia y entonces es cuando se topa con la acción, el actor y la improvisación y, por supuesto, la creación colectiva. Buenaventura, a diferencia de Pavis, sostiene que la creación colectiva tiene una larga historia, no es un invento moderno ni menos aún reciente; remontándose por lo menos hasta la Commedia dell'Arte o "teatro all'improvviso", que constituye su apogeo, en los siglos XVI y XVII, la creación colectiva es el genotexto del gran teatro barroco español, el teatro isabelino y Moliere, "es la base, la matriz, de todo el teatro moderno de Occidente". La Commedia dell'Arte fue un teatro de actores que, además, "estableció una nueva relación con un nuevo público"; sin embargo, esta dramaturgia de actor caerá bajo "la tiranía del texto y la del director, las cuales irán reduciendo más y más el espacio dramatúrgico del actor". En consecuencia, la propuesta de Buenaventura, y del TEC, no se establece como una recuperación de la Commedia dell'Arte, ya que, nos dice, ésa es una tarea imposible; sino que, "manteniendo el rol del texto literario y el rol del director (así como del escenógrafo, etc.), [se pueda] reconquistar para el discurso de montaje el espacio perdido de la dramaturgia del actor". Se desarrollará de este modo una metodología que conocemos como creación colectiva moderna y que, en tanto se diferencia de la Commedia dell'Arte, es una versión de la misma.

¿Hasta qué punto la creación colectiva moderna puede ser considerada dramaturgia de actor? ¿Hasta qué punto la práctica de, por ejemplo, Eduardo Pavlovsky puede ser pensada como creación colectiva moderna? El teatro de la multiplicidad o de la intensidad de Pavlovsky, o las poéticas actorales de Bartís, ¿forma parte de la dramaturgia de actor? Es aquí donde comienzan algunos problemas de categorización que, obvia-

Los discursos lacanianos y las dramaturgias

mente, tendremos que discutir para cumplir nuestro objetivo de imaginar una dramaturgia concebida en los términos del discurso del Analista.

Obsérvese que Buenaventura va a intentar 'reconquistar' el espacio perdido por el actor en el montaje, nada más; y eso es lo que entendemos como creación colectiva moderna. Buenaventura recupera para el actor la capacidad de escribir, pero en la escena, a nivel del montaje, no del texto dramático. Buenaventura escribe:

> Se suele reducir la creación colectiva al proceso de la elaboración del texto por los actores y oponerla al "teatro de autor". La elaboración del texto por los actores, que es una posibilidad eventual y en ocasiones positiva de creación colectiva, no define a esta última en absoluto. Es más, la escritura del texto (tarea profundamente relacionada con la práctica literaria) no es, precisamente, función del actor. Su participación dramatúrgica es en la escritura del discurso del espectáculo durante el proceso de montaje.

La puesta en escritura final del discurso del espectáculo rara vez está a cargo de los actores; usualmente uno de los actores asume el rol de director o bien hay un director con tarea fija, y a veces uno de ellos asume la tarea de escribir el texto dramático o se invita a un dramaturgo o un escritor, lo que retorna la experiencia a la dramaturgia de autor o de director. Buenaventura trata de salvar la creación colectiva como dramaturgia de actor, separándola de la experiencia autoral y directorial: "Con cualquier metodología, la creación colectiva se basa en la improvisación a condición de que ésta no sea utilizada para comprobar, corroborar, mejorar o adornar la concepción, las ideas o el plan de montaje del director". La creación colectiva es dramaturgia de actor sólo a nivel del montaje y sólo en tanto "se la acepte como antítesis de los planes de la dirección en el juego dialéctico del montaje". La improvisación actoral no define así la creación colectiva tal como él la concibe, porque dicha improvisación puede estar instrumentada sólo para ilustrar o abordar el plan del autor, del texto o del director. Obviamente, ni la figura del director ni la del autor desaparecen. El director adquiere aquí el rol de mero organizador o bien de conductor de la "partitura" creada por los actores; en cierto sentido, la creación colectiva, tal como la concibe el maestro colombiano, es nada más que una instancia metodológica y, aunque reconoce el poder creativo del actor durante el proceso de montaje, constituye una dramaturgia de actor inserta en un marco más amplio conformado por la dramaturgia de director y de autor.

Este enmarcado, no obstante, deja abierta la cuestión de cómo podría dicha dramaturgia de actor ser percibida y apreciada, en toda su creatividad, por el espectador. Ambas dramaturgias de alguna manera se debaten dialécticamente durante el proceso de la puesta en escena, pero es muy improbable que el producto final no responda al director, aunque éste sea uno de los integrantes del grupo. Lo que diferencia a la creación colectiva moderna de un elenco cualquiera, conformado por actores "intérpretes" (es decir, no creadores) que trabajan bajo la batuta de un director, es que los actores que la practican han sido "entrenados en la improvisación y [conforman] un grupo relativamente estable". Esta condición será, como veremos, determinante en la dramaturgia de actor concebida como teatro de intensidades. La improvisación puede incluso practicarse en cualquiera de las dramaturgias, pero no siempre es creadora; para serlo, necesita de un grupo de actores que han permanecido juntos durante un tiempo determinado y comparten ciertos presupuestos. En este sentido, como lo dice Buenaventura, la creación colectiva moderna no es mejor ni peor que la dramaturgia de director o de autor y tampoco es garantía de producir espectáculos mejores.

La Commedia dell'Arte es *creación* colectiva en la medida en que hay un grupo estable de actores cuya creatividad surge de las improvisaciones sobre un argumento dado y a partir de tipos ya fijos; no hay autor y los actores formulan un *guion* que "no era la simple organización en acciones de las intrigas del cuento [sino] la conversación de la materia significante narrativa en materia significante teatral". La creación colectiva moderna —como hemos visto cuando la discutimos como discurso de la Universidad— parte de un tema y lo investiga, lo ordena en secuencias narrativas y, después de las improvisaciones, cuando se han resuelto las acciones, va decantando un texto cuya escritura está a cargo de un autor (aunque éste provenga del colectivo). Dicho texto se monta bajo la mirada de un director quien, nuevamente, puede apelar a la improvisación para resolver cuestiones de puesta en escena, tal como se hace con los denominados actores-intérpretes. La creación colectiva moderna usualmente construye personajes y en algunos casos también ha apelado a los tipos, sobre todo tomados de la tradición popular. Buenaventura subraya el hecho de que la creación colectiva admite ser dramaturgia de actor siempre y cuando los actores que en ella participan "no se dejen reducir a la condición de virtuosos intérpretes de concepciones que de una u otra manera les son impuestas", es decir, siempre y cuando los actores se mantengan dentro de los márgenes del discurso de la Histérica. Y esto sólo puede ocurrir si el director decide ponerse, como hemos descrito antes, en posición de Agente como $ frente al deseo de sus actores. Buenaventura lo dice con sus propias palabras; evitando hablar del "director", el maestro colombiano sostiene que "El rol de *la dirección* no es otro que el de crear las condiciones propicias a esa creación, condiciones objetivas, es decir metodológicas y subjetivas, es decir estimulantes e incitadoras y el de estar atento a la totalidad, a la organicidad de la estructura, la cual escapa al actor por razón de su inmersión en la continuidad" (el subrayado es mío). La creación colectiva moderna, basada o no sobre un texto de autor, basada o no sobre un texto producto del trabajo del colectivo, será *creativa* en la medida en que mantenga en todo su vigor la "contradicción dialéctica entre improvisación y dirección", es decir, la contradicción productiva entre el eje "de selección o substitución, llamado paradigmático y el de continuidad, llamado sintagmático", estando el primero a cargo del director y el segundo a cargo de los actores. La puesta en escena que resulte de allí será nuestro pequeño objeto *a* en posición de la verdad, tal como lo vimos en el discurso de la Histérica. Esta concepción de la dramaturgia de actor, tal como la plantea el maestro colombiano, no puede ocurrir en el teatro comercial, y por tal razón él basa en dicha dramaturgia su esperanza de una renovación del teatro nacional y latinoamericano.

La dramaturgia de actor y el teatro de intensidades o de la multiplicación

El teatro de intensidades corresponde a la dramaturgia de actor y en ciertos aspectos puede funcionar como creación colectiva, pero no en su versión moderna; hay diferencias que lo separan de la metodología que se desarrolló en América Latina a partir de la década del 70. Si bien podemos encontrar una reflexión desarrollada en los ensayos de Eduardo Pavlovsky sobre la forma de trabajo en el teatro de intensidades o de la multiplicación, lo cierto es que —con o sin conocimiento de Pavlovsky— otros directores latinoamericanos se aproximan a la creación teatral en una forma, tal vez no tan ajustada pero similar a la del actor y dramaturgo argentino.[34] Por muchas razones que no podemos desarrollar aquí, pero que hemos estudiado en otros trabajos ya publicados,[35] no es posible afiliar a Eduardo 'Tato' Pavlovsky al teatro argentino de su generación. Su forma de escritura, sus antecedentes psicoanalíticos y psicodramáticos, lo alejan y lo diferencian de otros dramaturgos, como por ejemplo Griselda Gámbaro, Roberto Cossa, Osvaldo Dragún, entre otros. Muchas de las obras hoy publicadas de Pavlovsky, especialmente las producidas después de su retorno del exilio, son el resultado de un proceso de trabajo grupal. Sus textos dramáticos son un pre-texto para ser entregado a un director que lo pone en escena. Esos textos publicados son un post-texto, es decir, el resultado de un trabajo con actores y directores muy cercanos a Pavlovsky y, aunque están suscriptos por él como "autor", esta autoría no es equivalente a la que tradicionalmente reconocemos o ya detallamos en la dramaturgia de autor concebida como discurso del Amo.

---

[34] Se puede cotejar algunas entrevistas realizadas a directores jóvenes en mis volúmenes de *Arte y oficio del director teatral en América Latina*.

[35] Ver mis ensayos "Argentina en Cádiz: El psicoanálisis, la nueva dramaturgia y las poéticas actorales", "Improvisación y teatro de improvisación: aproximación psicoanalítica y dimensión del deseo", "Poéticas actorales, ensayo teatral y psicoanálisis: nuevo paradigma del teatro latinoamericano. Breves notas a partir de las poéticas de Eduardo Pavlovsky y Ricardo Bartís" y "Antecedentes psicoanalíticos de la nueva dramaturgia argentina: Los textos "clínicos" de Eduardo Pavlovsky".

Es más, el mismo Pavlovsky incita a que otros grupos hagan a partir de sus textos sus propias propuestas y exploraciones, sin atenerse estrictamente a lo escrito.

En este teatro de intensidades el proceso de escritura es paralelo al montaje y la publicación es posterior al estreno. En algunos textos hay personajes, pero no en todos; como ocurre con otros dramaturgos recientes (Daniel Veronese en Argentina, Ana Harcha en Chile, Mariana Percovich en Uruguay, Victoria Valencia en Colombia, para nombrar unos pocos), muchas veces los textos aparecen como extensos poemas, que pueden ser montados de múltiples maneras y con un número variable de actores. Cada uno de los personajes, cuando los hay, proviene de un proceso de improvisaciones en las que han participado varios actores y por lo tanto dicho personaje es, en cierto modo, multivocal. El proceso se dispara cuando alguien del grupo —Pavlovsky, por ejemplo— es asaltado por una imagen, una palabra o una pequeña historia. Usualmente la persona que lleva este 'coágulo' insensato es la que luego conocemos como dramaturgo, aunque no es una regla. En algunos casos es también la misma persona la que asume la dirección, aunque ése no es el caso de Pavlovsky.[36] A diferencia de la creación colectiva moderna, que se proponía temas de investigación en cierto modo fuera de la 'subjetividad' de sus integrantes y estando estos más abiertos hacia una realidad social y política 'objetiva' que querían modificar, la dramaturgia de actor en el teatro de la intensidad parte en cambio del fantasma, en sentido psicoanalítico. Obviamente, el fantasma tiene relación con lo Real, en sentido lacaniano, pero no una relación directa o representativa de la realidad. Pavlovsky lo llama, tomando la expresión de Julio Cortázar, "el coágulo".

En la creación colectiva moderna, el tema estaba ligado a la ideología explícita del grupo; se partía de la idea de que había que investigar ese tópico para mostrar las condiciones de producción opacadas por la

---

[36] No puedo dejar de invitar al lector a apreciar la coherencia ideológica de Tato Pavlovsky en este sentido. Al negarse a dirigir sus textos, como hacen otros dramaturgos, al permanecer en la dimensión actoral, se repara de monopolizar el sentido como dramaturgo y como director. La puesta en la que él actúa, aunque basada en su texto, no se propone como *la* versión original de la obra, sino como una versión más del director de turno. Protege así la posibilidad de apertura y multiplicidad que yace en su propio texto.

ideología. Partían de cierta posición de saber que les brindaba cierta perspectiva marxista. Se trataba de un teatro que, sin necesidad de ser *agit prop*, estaba de todos modos concebido como una militancia (estética y/o política) orientada a develar los resortes de opresión y explotación del capitalismo. La investigación se realizaba mediante la lectura de libros, de documentos, se apelaba a los testimonios de las víctimas, se invitaba a profesionales expertos en algún aspecto del tema, y luego se improvisaba y así se iba escribiendo la puesta en escena. El texto dramático quedaba usualmente a cargo de un integrante, a veces un dramaturgo invitado. Como ya hemos visto, la creación colectiva moderna, a diferencia del teatro comercial o 'profesional' ligado al discurso del Amo, se atenía más al discurso de la Universidad y al discurso de la Histérica. Su objetivo era que el espectáculo produjera un saber capaz de instruir o iluminar 'objetivamente' al espectador, por medio del entretenimiento.

En el teatro de intensidades se trata de trabajar con lo que no se sabe y a partir de lo que no se sabe. El coágulo puede darse como un síntoma o una formación del inconsciente (lapsus, olvido, chiste), es decir, algo tíquico, en el sentido de la *tyche* que Lacan retoma de Aristóteles en el *Seminario 11* para referirse a esa dinámica de apertura/cierre propia del inconsciente. Es por medio de esa *tyche* que lo Real irrumpe insensatamente en el discurso del yo [*moi*], alterando su continuidad y, obviamente, sorprendiendo al yo. El coágulo, por ello, tiene directa relación con el inconsciente y también con el cuerpo en la medida en que involucra lo Real, el goce. No es, por lo tanto, un a priori político o ideológico a la manera de la idea que requiere ser ilustrada sobre el escenario. No forma parte de ninguna militancia sino de un sufrimiento. Es un enigma que, una vez que emergió a la conciencia, abre la dimensión de una ética, la ética del psicoanálisis: una vez que *eso* habló, hay que ir a ver. Ya no hay manera de desentenderse del enigma. Para este trabajo actoral no hay demasiada bibliografía ni expertos disponibles. Ese coágulo es el emergente de un proceso que pertenece a ese actor, a su grupo de referencia. Es *un* caso. Y la praxis teatral opera allí como el psicoanálisis: caso por caso.

El teatro de intensidades como dramaturgia de actor no puede realizarse más que dentro de un grupo con un alto índice de intimidad ya que supone un riesgo de la propia estabilidad emocional de sus participantes. Aunque los actores acuden a la improvisación, lo que buscan no es tanto una puesta en escena, sino atravesar el fantasma fundamental que fundará el espectáculo. En Pavlovsky, debido a su larga trayectoria con el psicodrama, la improvisación se orienta hacia explorar lo peor o lo no reconocido de sí mismo, ese espacio rechazado y hasta reprimido por el yo. En el consultorio, es posible que Pavlovsky se preocupe por el yo, pero en el teatro le importa más el sujeto, lo inconsciente, aunque él no lo diga en estos términos. Como lo expresará más tarde Ricardo Bartís —cuya relación con Pavlovsky es bien conocida— lo que importa es lo biográfico, a condición de que no se lo reduzca a lo personal. Y es que Bartís llama biográfico a lo que Lacan llamó el inconsciente transindividual, para separarlo precisamente del inconsciente colectivo. El inconsciente transindividual es parroquial, del aquí y ahora histórico, de un grupo o comunidad; no es universal, ni arquetípico, ni ahistórico o esencial. En efecto, las improvisaciones van llevando las cosas lo más lejos posible de lo confortable, hacia esa dimensión denegada por el yo. Es un proceso doloroso. Pero también lo personal, lo individual, lo diferencial —como lo denominará J.L. Moreno, el fundador del psicodrama— se va tramando en un estrato superior que ya tendrá que ver con el fantasma civil de la nación y, por ende, con lo que Bartís parece definir como lo biográfico. A Pavlovsky, como actor, le gusta visitar con sus improvisaciones los diferentes personajes que se van delineando. Cada actor va explorando el coágulo y convocando su propia 'selva de fantasmas'. Al ir el actor circulando por los diversos personajes, se va produciendo una multiplicidad de voces y perspectivas que Pavlovsky anota y luego somete nuevamente a improvisaciones. Sin duda, esta dinámica proviene del psicodrama y de la escuela de J.L. Moreno, con quien Pavlovsky estudió. No olvidemos que Eduardo Pavlovsky también es el fundador de Escuela de Psicodrama en Argentina.

Interludio sobre el psicodrama

Tal como lo define Moreno, el psicodrama "puts the patient on a stage where he can work out his problems with the aid of a few therapeutic actors" (177). Es una terapia inter-personal, en la que cuentan las palabras, los gestos y los movimientos. El paciente parte, bajo la mirada del terapeuta y con la ayuda de un actor que opera como yo auxiliar, una especie de doble, de espejo del paciente o bien un otro que lo cuestiona, sin llegar a ser el superyó. Boal, también ligado al psicodrama, retomará aspectos de esta metodología en el Teatro del Oprimido e introducirá la figura del 'comodín'. No es este el lugar de detallar los argumentos de Moreno en relación y en contra del psicoanálisis freudiano, aunque obviamente el psicoanálisis está en la base del psicodrama. Con cierta pretensión, Moreno dice partir de donde el psicoanálisis ha terminado. La idea de Moreno es tratar al paciente no en la artificialidad de un consultorio, en aislamiento, sino en grupo, enfrentado a los otros y no sólo a partir de lo verbal sino de la acción (10,17). Una vez más, algo del inconsciente transindividual parece estar por debajo de estas dinámicas de grupo; sin esa confianza y hasta creencia en un inconsciente transindividual, las terapias de grupo serían imposibles. Moreno atribuye a Freud haber privilegiado lo verbal, por eso de la 'talking cure'. En esto es bastante injusto, ya que Freud nunca descuidó la acción: en sus ensayos sobre técnica y sin duda evocando su mal manejo de la transferencia en el caso Dora, observa cómo el paciente, cuando no recuerda lo que ha sido olvidado y reprimido, actúa. Escribe Freud:

> podemos decir que el analizado no *recuerda*, en general, nada de lo olvidado y reprimido, sino que lo *actúa*. No lo reproduce como recuerdo, sino como acción; lo *repite*, sin saber, desde luego, que lo hace. (*O.C.* 12: 15-152)

Tal como Moreno lo presenta, el psicodrama pareciera estar en un punto intermedio entre la *collective creation* y la *creative collective* que mencionaba Pavis. Moreno, que remonta los antecedentes del psicodrama hasta los ritos primitivos y la Commedia dell'Arte (12, 13), subraya que éste se realiza en medio de una comunidad concreta, alentando la espontaneidad expresiva y la creatividad de sus integrantes y en cierto modo disolviendo, por un lado, la diferencia entre lo estético y lo terapéutico y, por otro, la diferencia entre actores y espectadores (15), al igual que intentará Boal con su famoso espect-actor. Lo interesante en la perspectiva de Moreno es que, en el psicodrama, nos dice, "[c]atharsis moved from the spectator to the actor" (15) y en cierto modo —al retomar el concepto aristotélico y el "método catártico" que habían experimentado y luego abandonado Freud y Breuer— Moreno funda un axioma que tendrá consecuencias importantes en la dramaturgia de actor posterior. Aquí, como sabemos, Boal no sigue a Moreno, por su aversión y crítica a la catarsis aristotélica como componente nefasto del teatro occidental. Por esta vía, Moreno intenta sacar al drama del marco de la imitación, acercándolo a lo que hoy conocemos como el *performance art*: "Pscychodrama defines the drama as an extensión of life and action rather than its imitation" (15).

El actor en el psicodrama enfrenta sus conflictos en el marco de un grupo de actores que integran su grupo terapéutico. La catarsis —que Moreno plantea como somática, mental, individual y grupal (16, 17)— ya no toma lugar en el público (porque no lo hay), ni tampoco en lo imaginario de un personaje (porque nada se representa), sino "in the spontaneous actors in the drama who produce the personae by liberating themselves from them at the same time" (Moreno 29). Es así que el integrante del grupo resulta a la vez siendo autor, actor y espectador. El participante 're-crea' lo vivido y lo no vivido en su mundo privado, bajo la supervisión de un terapeuta que oficia de director y es además ayudado por lo que Moreno denomina "auxiliary ego", que es como un asistente del coordinador de grupo, que ha sido apropiadamente entrenado no solamente para desarrollar adecuadamente el 's factor' o 'factor s' (*spontaneity factor*), sino que también ha explorado muchos roles (madre, padre, hermana, jefe, etc.) y está preparado para abrir nuevas posibilidades al conflicto durante las improvisaciones. La situación de entrenamiento psicodramático resguarda al yo auxiliar y al actor de los riesgos de realizar esas improvisaciones en la vida cotidiana. En la situación de entrenamiento el sujeto tiene la posibilidad de 'ensayar' y 'experimentar' con libertad nuevos roles, darles a estos roles nuevas dimensiones e incluso asumir un rol diferente (138), sin promover mayores consecuencias para su vida privada. El entrenamiento, en parte, se acerca a la idea de ensayo en el teatro tradicional, con la diferencia que resguarda el 's factor', es decir, mantiene viva la espontaneidad, de modo que un actor teatral tradicional, si está bien entrenado, tiene la capacidad de ir más allá de su sometimiento al personaje. Otra vez estamos muy cerca de Stanislavski. Moreno plantea que el "gran actor" tiene la capacidad de agregar algo nuevo, algo vivo, al personaje creado por el autor en cada función, aunque haya representado la obra miles de veces (90). En el psicodrama, sin embargo, no se trata de expresar el yo sino de crearlo: "This s function is not satisfied expressing only the self; it is eager to *create* the self" (91). Lo que diferencia al psicodrama, y que diferenciará también al teatro de intensidades de la dramaturgia tradicional, es el hecho de enfrentar roles recreables y no recreables ("enactable and unenactable roles" [172]). Hay roles que se recrean más fácilmente que otros y, como ocurre con algunos niños, algunos actores tienen más facilidad de recrear roles que les son ajenos (como el policía o el taxista), pero enfrentan muchas dificultades cuando deben recrear roles que les son familiares (padre, madre, hermano, etc.). En este sentido, se puede apreciar las dificultades que Eduardo Pavlovsky tuvo que enfrentar para trabajar el personaje del padre-torturador-ladrón de niños de *Potestad*.

El yo auxiliar se identifica con el paciente (autor-actor-espectador), no solo mediante palabras sino también acciones; co-actúa con él y recrea la situación que lo agobia (20). El yo auxiliar, en cierto modo construido sobre la imagen materna que asiste al niño en sus primeros meses, con capacidad motora prematura, oficia como guía y a la vez retrata los roles para el sujeto: "The natural setting of the mother-child relationship is comparable to the auxiliary ego-subject relation of the psychodramatic situation" (59). Parece sentirse aquí la influencia de Winnicot y su objeto transicional, aspecto que todavía espera una elaboración más cuidadosa en la praxis teatral. El actor sugiere un rol que necesita para iniciar su escena y el yo auxiliar se conforma a eso, pero obviamente con la intención de generar nuevas posibilidades para la situación.

Resulta sumamente interesante que Moreno afirme que el verdadero símbolo del teatro terapéutico —como a veces llama al psicodrama— es el hogar privado (26). Es imposible no relacionar esta idea con lo siniestro en Freud, para quien, amén del tema de los dobles —como paciente y yo auxiliar— lo siniestro tiene relaciones con lo familiar: lo *Unheimlich* (siniestro, lo extraño) es lo que angustia, porque antes fue lo familiar, *Heimlich*. Es, pues, lo extraño que retorna, no necesariamente desconocido. Sin duda, el teatro de intensidades como dramaturgia de actor sitúa su campo de exploración a partir de un campo familiar (privado, barrial o nacional) y explora cómo lo siniestro se localiza en la dinámica cotidiana. Moreno reconoce que todo individuo, desde la niñez —a la que le dedica extensos estudios— está modelado por lo simbólico; 'actúa' en la vida cotidiana reproduciendo una serie de roles, en la medida en que concibe a esa vida cotidiana ya constituida con cierto grado de teatralidad. Al hablar del sociodrama, Moreno insiste en que "[e]very role is a fusión of private and collective elements" (62, nota 4). Sin embargo, los roles actuados en la vida y los roles actuados sobre el escenario apenas si tienen similitudes superficiales e indudablemente tienen sentidos diferentes (35). En la vida diaria "we are far more acted upon than acting" (35-36), es decir, somos actuados, hablados por el Otro o, como lo dice Moreno, en la vida diaria somos criaturas, pero en la ficción escénica somos creadores lo cual, obviamente, hay que aceptar con serias limitaciones. No obstante, la idea de verse en el otro, en el yo auxiliar, o verse a través de las relaciones que plantean los otros integrantes del grupo, genera una *distancia* que permite no sólo elucubrar nuevas posibilidades para el conflicto que nos aflige, sino además aproximarse a él transformando el sufrimiento efectivo de la vida diaria (al que Moreno llama "real"), en risa, lo que lo torna más soportable, más liberador (29). El juego con el yo auxiliar y con los otros participantes, en tanto está basado en la espontaneidad, abre las posibilidades para que emerja la sorpresa, lo inesperado (35). La creatividad espontánea rompe la cadena causal de la vida diaria y la muestra como menos determinante. Es curioso que, a pesar de los esfuerzos de Moreno por alejarse de Stanislavski (38-39), recurra no obstante al famoso "como si": en el escenario, el participante actúa *como si* fuera en la vida cotidiana, pero ya no respondiendo a una secuencia causal (me duele el diente, entonces llamo al dentista), sino usando todos los elementos (teléfono, dentista, impulsos, etc.) como "materials of a strategy for a fictitious purpose" (35). Moreno intenta marcar su diferencia con Stanislavski y Freud por cuanto, para él, el maestro ruso y el maestro vienés se preocupan por un texto anterior, pasado, reprimido, que reside en el inconsciente y que es la sede de las experiencias infantiles del sujeto, las más intensas. Moreno, contradiciéndose un poco con algunas de sus afirmaciones previas sobre la forma en que lo simbólico impone roles determinados con protocolos estrictos, piensa que el actor del psicodrama desarrolla su rol "in statu nascendi" (39), espontáneamente. Quiere de este modo marcar la idea del momento, de lo presente, necesaria para su teoría de la espontaneidad. Por eso el psicodrama tiene parentesco con el happening y con el performance art: "the act of creation is contemporaneous with the production" (41). Moreno lo designa como "Impromptu performance" (41) y por ello no nos escapa su influencia en lo que conocemos como teatro de improvisación.[37] El público, dice Moreno, funciona como si fueran mil dramaturgos (1); de la misma manera, obviamente, el grupo en el que el paciente participa, actúa como grupo y, por lo tanto, escribe.

---

[37] Ver mi ensayo "Improvisación y teatro de improvisación: aproximación psicoanalítica y dimensión del deseo".

El teatro de la intensidad o la multiplicación

Lo que debemos retener aquí es que, aunque al principio partan de lo personal, poco a poco los actores van llegando a una dimensión que está, como quien dice, por encima de ellos mismos: lo biográfico, como vimos, es una red de confluencias en las que lo imaginario cruza con lo simbólico a partir de haberse topado con la roca dura de lo real, no de la realidad. Lo Real es lo que no tiene significante. Muchas veces lo biográfico y, por ende, el fantasma –lo que en algún momento he denominado el fantasma civil de la nación que reúne a un grupo— en cuanto inconsciente transindividual, es un secreto canal de comunicaciones reprimidas o denegadas que vincula a un grupo por razones de edad o generación, experiencias comunes, sufrimientos y anhelos compartidos, en suma, una memoria compartida. Los integrantes improvisan en la dimensión del no saber, no tienen manera de atrincherarse en el terreno de lo conocido o aceptado. Así, Pavlovsky va a explorar en *El señor Galíndez* o *Potestad* el fantasma del torturador y, como veremos, por esa vía va a dirigirse a un espectador, no para iluminarlo sobre lo que supuestamente no sabe, sino para involucrarlo —e incomodarlo desde otra ética— en el horror de la complicidad civil con la tortura, sea la ejercida por el Estado, por grupos paramilitares, por el superyó o por el rol que cada miembro del público ejerce en su propia vida cotidiana y familiar. El espectador que está sentado mirando los espectáculos del teatro de la intensidad no puede excusarse de verse en la escena, de ver allí lo que no quiere ver en sí mismo en su vida diaria. Recordemos que, para Lacan, el fantasma es una escena en la que el sujeto se ve y en la que está a la vez incluido. No se trata en Pavlovsky, como en otros dramaturgos de su generación, de presentar un teorema escénico donde están "los malos" y "los buenos", muchas veces totalmente malos y totalmente buenos, y donde la historia, con mayores o menores costos, termina con el triunfo del bien. Tampoco se trata de la idea de que los 'otros' son los malos y donde el espectador es el que, sabiéndolo o no, se siente 'bueno' y por encima —incluso hasta ajeno— de esa atrocidad. Los espectáculos de Pavlovsky incomodan porque obligan al espectador a procesar su parte de culpa, de involucramiento, de responsabilidad, en aquello que se desarrolla en escena. Como en *Potestad*, un buen padre puede ser *a la vez* un torturador; un torturador no está necesariamente desprovisto de la ternura paterna. Cualquier padre del público tiene que elaborar su lado siniestro, ése que probablemente se desliza incluso en el esplendor de su mayor ternura. En *El señor Galíndez*, un muchacho lleno de vida y simpatía, puede ser un aprendiz de brujo y una inofensiva señora de la limpieza puede ser cómplice de las más terribles atrocidades; por el contrario, unas muchachas de la vida pueden convertirse en víctimas de algo más devastador que su profesión: los excesos experimentales del poder. No se trata en Pavlovsky de una escena con tonos blancos y negros, en las que el espectador puede reforzar su identificación con aquello que está en escena, a condición de sentirse a la vez separado de la misma y, por esa vía, sentirse redimido de su silencio cómplice frente a la realidad que, no obstante, no está tan lejos del escenario. Es más, tampoco se trata de que cada miembro del público, a causa de la catarsis, purifique sus pasiones, su complicidad y sus culpas, y salga pacificado con el horror y lo Real a la salida del teatro. Se trata de que cada miembro del público elabore el modo de goce en el que está capturado y las acciones a las que es llevado por esa captura por parte del goce del Otro, del discurso hegemónico.

Como el interés del teatro de la intensidad es lo Real y no la realidad, se entiende que su discurso sea a veces un poco críptico para el común de los espectadores y que no tenga ningún afán de instruir o iluminar al público. No se trata, sin embargo, de un texto críptico, sino de un texto cifrado que cada miembro del público es invitado a descifrar desde su subjetividad singular y propia, con vistas a que, trabajando su modo de goce, logre emanciparse del goce del Otro hegemónico[38] y, por esa vía, proceder éticamente en relación a su deseo y políticamente en el debate democrático a partir de un deseo y goce emancipados.

---

[38] Utilizo la palabra 'emancipación', para diferenciar el trabajo analítico de los discursos liberacionistas de décadas anteriores y en parte todavía circulantes. Ver mi ensayo "Una reflexión sobre las nociones de 'liberación' y 'emancipación'. Su pertinencia en la praxis teatral".

Los discursos lacanianos y las dramaturgias

Se comprende que los significantes de la escena no siempre tengan la 'claridad' de un argumento 'bien' estructurado desde una racionalidad supuestamente impoluta. El teatro de intensidades y la praxis teatral se caracterizan por su alejamiento de las premisas narrativas de tradición aristotélica. En el teatro de Victoria Valencia —en *Rubiela roja*,[39] por ejemplo— los personajes recorren los arrabales de sus más desesperadas experiencias existenciales, sumidos como están en una encrucijada de muertes y marginaciones, y alcanzan, por medio de una poesía de barroquismo atroz, el fantasma de *la violencia* en una dimensión que la creación colectiva moderna nunca pudo alcanzar. Los integrantes de este tipo de dramaturgia no se colocan por encima del público, como portando un saber del que los otros carecerían. Simplemente comparten sus desgarramientos biográficos, no personales, lo que quiere decir que ofrecen al público la escena del fantasma civil tal como éste se entrama en la vida cotidiana de una comunidad y en su inconsciente transindividual. En mi praxis teatral, estos procedimientos dieron por resultado *Las mujeres de Juárez del Mundo*, donde no postulábamos ningún saber sobre los asesinatos de Juárez --¿quién sabía acaso algo de lo ocurrido?—, sino que abordamos esas muertas en nuestro cuerpo, en nuestro modo de goce y nuestra complicidad con el avasallamiento del deseo en la sociedad neoliberal. De alguna manera, más allá de teorizar sobre el fantasma tal como lo hará más tarde Lacan, hay una cierta influencia del psicodrama aquí, en la medida en que, como planteaba J. L. Moreno, "[t]he individual is urged to face the truth that these experiences are not really 'his', but public psychological property" (11). El espectador, en este tipo de teatro de la intensidad —independientemente de que responda o no a los procedimientos que se han descripto como de un teatro postdramático— no se lleva 'un significado' del espectáculo; se lleva una demanda de sentido, un medio-decir de la verdad que es la única manera en que dicho espectador irá rumiando su propio deseo una vez que la función haya terminado. Frustrado en su demanda de totalidad de sentido, el espectador es ahora quien, como antes hiciera el actor, se ve enfrentado al espectáculo que ocupa ahora la posición de Agente como

---

[39] Se puede leer en la *Antología del teatro latinoamericano (1950-2007)*, compilada por Lola Proaño y Gustavo Geirola.

objeto *a*. El espectáculo le ha respondido también con enigmas, no con fórmulas de un garantizado bienestar colectivo, no con promesas de adaptaciones a una ética o un valor supuestamente válidos a nivel universal, no con utopías de difícil concreción.

¿Es posible entonces pensar el teatro de intensidades como una dramaturgia de actor concebida como discurso del analista? Todo indica que sí, a condición de que quien ocupe la posición de Agente lo haga como *a*, es decir, que no ocupe el lugar del saber, ni del Amo, ni de la Universidad. Bastaría el más mínimo intento de querer orientar el contenido de las improvisaciones hacia una tesis específica, el más mínimo gesto de querer darle al espectáculo "coherencia" y totalidad, la más leve intención de querer seducir a los actores y llevarlos a una identificación con un ideal o bien intentar satisfacer toda su demanda de saber, para que esta dramaturgia de actor pase de inmediato de ser teatro de la intensidad a ser creación colectiva moderna o teatro tradicional. El director puede funcionar como semblante del *a*, a condición de no creerse realmente ser el *a* de sus actores; el director no debe responder siempre como si pudiera decir 'toda' la verdad de lo que ocurre en los ensayos o en el escenario. El actor, en esta dramaturgia, tiene que mantener —como ya dijimos para el espectador— esa demanda insatisfecha, porque es aquello que lo estimulará a sostener su creatividad viva en el escenario, en la función y durante la temporada, en la medida en que lo incitará a continuar trabajando aquello que va descubriendo durante el proceso, los significantes que van apareciendo. Ciertamente, esta dramaturgia no está diseñada para los circuitos comerciales; aquí no puede haber marcaciones escénicas puntuales e inamovibles, no debe esperarse un actor-máquina a la manera stanislavskiana[40] que cumpla con un programa ya exactamente establecido; tiene que haber un espacio de incertidumbre para que el inconsciente, con su característica pulsativa, pueda hablar; tiene que haber un espacio para que el significante —y no solamente el verbal— tropiece y así reabra el trabajo de la creatividad. Finalmente, tiene que haber un espacio para que la transferencia pueda instalarse.

---

[40] Ver mi ensayo "Los cuerpos del actor".

BIBLIOGRAFIA

Barba, Eugenio. "Un amuleto hecho de memoria. El significado de los ejercicios en la dramaturgia del actor".
http://www10.ocn.ne.jp/~kunstart/barba_espanol.htm

Borgna, Gabriela. "Escribir en un espacio y un cuerpo emocionados", en *Revista Picadero*, año 2, n° 7, Buenos Aires: Instituto Nacional del Teatro, 2002, pp. 23-25. Citado por María Fernanda Pinta en "Dramaturgia del actor y técnicas de improvisación. Escrituras teatrales contemporáneas".

Buenaventura, Enrique. "La elaboración de los Sueños y la Improvisación Teatral". Buenaventura, Enrique y Jacqueline Vidal. *Esquema General del Método de Trabajo Colectivo del Teatro Experimental de Cali y otros ensayos*. Maracaibo: Universidad de Zulia, 2005. 55-65

---. "La dramaturgia de actor".1985
http://www.teatrodelpueblo.org.ar/dramaturgia/buenaventura001.htm

Freud, Sigmund. *Obras Completas*. Buenos Aires: Editorial Amorrortu, fechas diversas.

Geirola, Gustavo. *Introducción a la praxis teatral. Creatividad y psicoanálisis* (Introduction to Theatrical Praxis. Creativity and Psychoanalysis). Buenos Aires/Los Ángeles: Argus-a, 2022.

Arte y oficio del director teatral en América Latina. 6 volúmenes. Buenos Aires/Los Ángeles: Argus-a Artes y Humanidades/Arts and Humanities, varios años.

---. "Interpretando el adjetivo 'áfono' en relación a la voz como objeto a". Argus-a Artes y Humanidades/Arts & Humanities XII.45 (Septiembre 2022)

---. "Una reflexión sobre las nociones de 'liberación' y 'emancipación'. Su pertinencia en la praxis teatral". Stephan Arnulf Baumgartel Luiz Gustavo Bieberbach Engro, José Ricardo Goulart [ORGS.]. *Ensaiando o olhar latino-americano: insistência de uma cena situada*. Rio de Janeiro: Mórula, 2021.

---. "Patriarcado, crimen y sociedad postedípica en dos obras de Hugo Salcedo: Hacia un teatro de emancipación". Argus-a Artes y Humanidades/Arts & Humanities IX.36 (June 2020).

https://www.argus-a.com/publicacion/1477-patriarcado-crimen-y-sociedad-postedipica-en-dos-obras-de-hugo-salcedo-hacia-un-teatro-de-emancipacion.html

---. *Sueño. Improvisación. Teatro. Ensayos sobre la praxis teatral.* Buenos Aires/Los Ángeles: Argus-*a* Artes y Humanidades/Arts & Humanities, 2019.

---. "La praxis teatral y lo político: la demanda, el teatrista, el público". *Revista telondefondo* (29 (2019). http://revistascientificas.filo.uba.ar/index.php/telondefondo/article/view/6510

---. "Justicia, neoliberalismo y extimidad: A propósito de *Hambre*, de Merly Macías". Argus-*a* Artes y Humanidades/Arts & Humanities VIII. 30 (Dec 2018). http://www.argus-a.com.ar/archivos-dinamicas/1382-1.pdf

---. *¡Todo a pulmón! Entrevistas a diez teatristas argentinos.* Co-editado con Lola Proaño. Buenos Aires/Los Angeles: Argus-*a* Artes y Humanidades/Arts & Humanities, 2016.

---. "Los cuerpos del actor." Encinas, Percy, ed. *Stanislavski desde nuestros teatros. Recreación de su legado.* Lima: AIBAL/PUCP, 2015. 29 – 54 http://gustavogeirolaensayos.blogspot.com/

---. Praxis teatral y puesta en escena: la psicosis como máscara espectatorial en el ensayo teatral (1ra. Parte). *Telondefondo* Revista de teoría y crítica teatral 9.18 (2013).

---. Praxis teatral y puesta en escena: la psicosis como máscara espectatorial en el ensayo teatral (1ra. Parte). *Telondefondo* Revista de teoría y crítica teatral 9.17 (2013).

---. "El director y su público: la puesta en escena y las estructuras espectatoriales." *Telondefondo* Revista de teoría y crítica teatral 8.15 (2012).

---. *Antología de teatro latinoamericano (1950-2007).* Co-editor with Lola Proaño-Gómez. Buenos Aires: Instituto Nacional de Teatro, 2010.

---. "Aproximación lacaniana a la teatralidad del teatro: desde la fase del espejo al modelo óptico. Notas para interrogar nuestras ideas cotidianas sobre el teatro y el realismo". Pellettieri, Osvaldo, ed. *En torno a la convención y la novedad*. Buenos Aires: Galerna/Fundación Roberto Arlt, 2009. 33-52.

---. "Improvisación y teatro de improvisación: aproximación psicoanalítica y dimensión del deseo", en *Perspectivas teatrales*, Os-valdo Pellettieri (ed.), Buenos Aires: Galerna, 2008. 25-49.

---. "La creación colectiva y el teatro creativo en la perspectiva de Platon-Michailovic Keržencev y la Revolución Rusa". *Dramateatro Revista Digital*, Septiembre 2008, Caracas, Venezuela.

---. "Antecedentes psicoanalíticos de la nueva dramaturgia argentina: Los textos "clínicos" de Eduardo Pavlovsky". *Revista telondefondo* 4.8 (Diciembre 2008). http://www.telondefondo.org/home.php

---. "Improvisación y teatro de improvisación: aproximación psicoanalítica y dimensión del deseo", en *Perspectivas teatrales*, Osvaldo Pellettieri (ed.), Buenos Aires: Galerna, 2008. 25-49.

---. "Poéticas actorales, ensayo teatral y psicoanálisis: nuevo paradigma del teatro latinoamericano. Breves notas a partir de las poéticas de Eduardo Pavlovsky y Ricardo Bartís." *ATeatro* 12 (2007): 78-87.

---. "Argentina en Cádiz: El psicoanálisis, la nueva dramaturgia y las poéticas actorales." Rizk, Beatriz y Luis Ramos-García, eds. *Panorama de las artes escénicas ibérico y latinoamericanas: Homenaje al Festival Iberoamericano de Cádiz*. Minneapolis-Cadiz: University of Minnesota and Patronato del FIT de Cadiz, 2007. 55-82

---. *Teatralidad y experiencia política en América Latina*. 1ra. Edición: California: Ediciones de Gestos, 2000. 2da. Edición: Argus-*a* Artes y Huma-nidades/Arts & Humanities, 2018.

Lacan, Jacques. *Seminario 18 De un discurso que no fuera semblante*. Buenos Aires: Paidós, 2009.

---. *Seminario 10 La angustia*. Buenos Aires: Paidós, 2006.

---. *Seminario 11 Los cuatro conceptos fundamentales del psicoanálisis*. Buenos Aires: Paidós, 1987.

---. *Escritos*. Buenos Aires: Siglo XXI Editores, 2002.

---. *Seminario 17 El reverso del psicoanálisis*. Buenos Aires: Paidós, 1996.

---. *Seminario 20 Aun*. Buenos Aires: Paidós, 1985.

---. *Psicoanálisis. Radiofonía y Televisión*. Barcelona: Anagrama, 1977.

Malcún, Juan Carlos. *Espacio escénico. Texto, contexto y sentido*. Buenos Aires: Editorial Nueva Generación, 2020.

Moreno, J. L. *Psicodrama*. New York: Beacon House, 1946.

Pavis, Patrice. *Dictionary of the Theatre*. Toronto and Buffalo: University of Toronto Press, 1998.

Saussure, Ferdinand de. *Curso de Lingüística General*. Buenos Aires: Editorial Losada, 1945.

ADENDA

La creación colectiva y el teatro creativo en la perspectiva de Platon Michailovic Keržencev y la Revolución Rusa

Platon Michailovic Keržencev (1881-1940) tuvo una amplia participación antes y después de la revolución de 1917 en organismos gubernamentales, especialmente aquellos dedicados a la cultura y particularmente al arte y al teatro. Su proyecto, transformado a lo largo de los años, a medida que iban desarrollándose los acontecimientos revolucionarios y consolidándose el poder del Partido, se puede ir leyendo en sus ponencias a distintos congresos e informes a comités específicos, y especialmente en su libro *El teatro creativo: teatro proletario en los años 20 en Rusia*, publicado por primera vez en 1918 y con varias versiones y ediciones sucesivas, hasta su 5ta. edición de 1923.

El libro se postula —nos dice Cruziani en la "Introducción"— no como una teoría, sino como un manual para aquellos agentes culturales que deben organizar el "nuevo" teatro. En sí mismo, a lo largo de las cinco ediciones, el libro constituye una reflexión que va ampliando el proyecto mediante discusiones y en base a la práctica cotidiana (xi-xii). Obviamente, Keržencev reacciona contra el teatro burgués, contra la declamación, contra el teatro concebido por unos pocos para unos muchos privilegiados y, además, frente al teatro comercial —el teatro como valor de cambio— cuyo objetivo es la ganancia. Hay que entender el proyecto de Keržencev en el marco de una Rusia post-revolucionaria, en la Rusia de la transición de la sociedad burguesa a la sociedad sin clases, en la cual proliferan los teatros y la euforia por una renovación radical; hay que entender también sus polémicas —sea para convergir o divergir— con algunos líderes revolucionarios (Lenin, Trosky, Lunacharski) y algunos artistas de renombre (Meyerhold entre ellos) en el proceso de institucio-nalización de la revolución llevada a cabo después de los primeros años revolucionarios. Este proceso es sumamente complejo y no podemos detallarlo aquí.

Rudinsky y Robert Leach dan un interesante panorama del teatro ruso de la revolución. En términos generales, se trata de una etapa en la que la euforia podría ceder a la anarquía cultural (en la que se mezclan posiciones ultraizquierdistas, muy radicales, con aquellas otras, de tipo reformista, no totalmente eliminadas y que operan como residuos burgueses) y en la que el Partido comienza a marcar lo que, a su criterio, configura el sentido inequívoco de la revolución. Tanto el Proletkul como Keržencev enfrentan esta euforia en la que tanto profesionales como amateurs y gente sin formación teatral alguna se reúne para hacer teatro. La actividad teatral, que era de alguna manera una actividad reservada a algunos pocos –basta recordar el Teatro de Arte de Moscú de Stanislavski—, se convierte ahora en un medio posible de expresión colectiva, capaz de dar expresión a diversos discursos y perspectivas.[41] En este marco de ebullición cultural e ideológica, se colectiviza el sujeto emisor y se confunde o coexiste con el sujeto receptor. Sin duda, ninguna revolución va a permitir por mucho tiempo este acceso indiscriminado a la palabra y su consecuente institucionalización impondrá procesos administrativos de control, así como también direcciones precisas para encausar la actividad por los supuestos carriles revolucionarios. Revolucionario o no, todo exceso discursivo amenaza la cohesión social y tarde o temprano se hace objeto de censura, represión y persecución.

El sueño de Keržencev es la apertura de un espacio para la creatividad colectiva, poner a disposición de todos la actividad expresiva, es decir, se trata de la realización de un teatro como valor de uso. Para ello emprende una cruzada que no sólo es artística sino también política, a partir de la cual critica no sólo el teatro burgués como producto (drama, espectáculo), sino fundamentalmente los medios de producción burguesa en teatro. Para Keržencev, el teatro es un elemento de instrucción popular, una fuerza activa y creativa, de ahí que para él la biomecánica, con su base técnica, musical y gimnástica no se restringe al teatro, sino que involucra a la vida social entera, especialmente la del trabajo de los jóvenes en la fábrica (xxii). Keržencev se opone a la idea de favorecer rápidamente la conformación de una cultura proletaria en una sociedad en transición. En tér-

---

[41] Cruciani detalla que en 1923 la actividad teatral aparece distribuida de la siguiente manera: 9% es propiedad privada; 34% es propiedad colectiva de actores; 21% es propiedad de sindicatos, el Ejército Rojo y algunas otras organizaciones públicas; 36% es propiedad del Estado (xix).

minos generales, Keržencev se suma, aunque no radicalmente, al proyecto iconoclasta, que exigía la desaparición completa del teatro anterior a la Revolución. Propone la nacionalización del teatro existente y su afiliación a las compañías proletarias; propone, además, que los profesionales sean enviados a provincia; plantea la necesidad de un nuevo repertorio y la conformación de compañías no profesionales (xiv). Asimismo, favorece, con cautela, la autonomía del Proleckult en la medida en que las posiciones radicales e iconoclastas no conlleven el compromiso de la dirección política. Abre de ese modo un espacio de experimentación y confía que de él van a surgir los lineamientos para un teatro proletario y popular. Keržencev tiene, en ese sentido, una visión bastante instrumentalista o incluso utilitarista del teatro, ya que para él éste no es tanto producto del arte como instrumento de una creatividad inserta en lo concreto cotidiano.

Tanto en la propuesta estética como en la arquitectónica, Keržencev piensa que hay que abolir y superar la separación entre el teatro y la vida, entre la escena y el espectador. Piensa en un espacio escénico enorme, capaz de albergar grandes grupos y que sea la síntesis —más intelectual que arquitectónica— del circo y del teatro (87) o, mejor, el diseño japonés (88). Con gran intuición, Keržencev observa lo que he denominado, en otro lugar, la política de la mirada en la construcción de la teatralidad (Geirola 2000). El diseño arquitectónico —dice con extrema lucidez— reproduce la lucha de clases, de ahí la urgencia en determinar una nueva óptica política que no sólo promueva una nueva dramaturgia, sino también un nuevo diseño espacial (49). Sin duda, basta acercarse al diseño de sala a la italiana, para comprobar inmediatamente que la visión total del escenario solamente se garantiza desde el palco del rey o del gobierno (el ojo real), desde donde los escenógrafos planifican su perspectiva; tan pronto como el espectador se desliza hacia arriba o hacia abajo, hacia un costado o hacia el otro, pierde algo sobre el escenario. Como esos espa-cios tienen una cotización diferente, de acuerdo a la visibilidad que prometen, el diseño a la italiana, surgido de la aristocracia europea y luego consagrado por la burguesía, reproduce perfectamente la regla capitalista del "tanto pagas, tanto ves". Sabemos que este aspecto fue muy debatido en estos años de transición y ampliamente experimentado por múltiples grupos y por artistas de la talla de Meyerhold.

La *creación colectiva y la improvisación* van a configurar el punto crucial, a nivel operativo, de este proyecto. Keržencev mismo presenta en 1919 una propuesta para favorecer el teatro colectivo a fin de promover la conformación de un repertorio —que no existía hasta ese momento (78)— creado a partir de la improvisación colectiva. Sus ideas —algunas con base en *El teatro del pueblo* de Romain Rolland— van a tener una proyección inmediata en el teatro ruso de la época y en el teatro de todo proceso revolucionario proletario posterior. En ese sentido, es importante detallar sus propuestas y contrastarlas con lo que en América Latina ha venido a llamarse *la creación colectiva*. Keržencev está convencido de que la creación colectiva será el espacio cultural capaz de dejar emerger el "instinto dramático" del proletariado y capaz de colectivizar los diversos roles que forman parte del proceso de la creatividad teatral, tanto a nivel de la producción dramatúrgica como de la puesta en escena (50). Tres requisitos definen el hacer colectivo teatral: dar forma escénica a los intereses colectivos, una organización del trabajo que excluya todo autoritarismo y abra un amplio espacio para la crítica y, finalmente, el empeño de cada participante en el logro de los objetivos expuestos (90).

No le escapan a Keržencev las dificultades de un teatro de creación colectiva en una etapa de transición revolucionaria. En primer lugar, se plantean controversias con movimientos vanguardistas, como el futurismo, que cuestionan el drama burgués, pero que no constituyen un aporte revolucionario, desde la perspectiva marxista. En segundo lugar, es necesario enfrentar la práctica de los teatristas profesionales y académicos —como el del Teatro de Arte de Moscú— que, obviamente, resisten rebajar sus habilidades al nivel de los no profesionales. En tercer lugar, la necesidad de revisar el repertorio clásico se suma al problema de la inexistencia de una dramaturgia y de un repertorio revolucionarios, útiles. Pero sobre todo, le preocupa la falta de un sistema de producción nuevo, de un perfil actoral revolucionario, de una lectura adecuada de la tradición popular anterior y de espacios concretos para llevar a cabo el acontecimiento teatral colectivo y proletario de acuerdo a sus nuevas exigencias estéticas. Estas cuestiones —excesivamente tensionadas a medida que avanza la exigencia centralista partidaria y gubernamental— van a configurar el marco en el que hay que ubicar los debates teatrales y estéticos de Meyerhold, de Einsenstein y de muchos otros, entre los cuales, naturalmente, están las preocupaciones de Keržencev.

En este contexto, las propuestas se van sucediendo aceleradamente y se van rectificando no sin abrir nuevos horizontes y ácidos debates críticos, plagados de contradicciones. Keržencev está convencido —es casi su tesis fundamental— de que el teatro no se transformará mediante un cambio de técnica o estilo actoral, sino mediante un cambio radical del sistema de producción teatral íntegramente. En ese sentido, va a atacar todo proyecto reformista, sea en el campo arquitectónico, en el dramatúrgico o a nivel de la puesta en escena. Contradicciones muy precisas a nivel de la creatividad y la organización, es decir, entre el espontaneísmo y el cálculo, entre la centralización y la descentralización, entre la autonomía y el control fueron objeto de discusión en tiempos de Keržencev, y siguen siendo parte del nuestro.

Los aspectos que quedaron sin resolver, tanto a nivel estético como a nivel administrativo y político, van a llegar hasta nosotros, al momento de discutirse la metodología de la creación colectiva en el teatro latinoamericano. Como sabemos, esta metodología comienza a conformarse a fines de la década del 50 y va a tener un rol fundamental a partir de la Revolución Cubana. Sus protagonistas, especialmente los participantes del TEC, de la Candelaria, del Libre Teatro Libre, del Escambray, con Enrique Buenaventura, Santiago García, María Escudero y Albio Paz, respectivamente, harán un esfuerzo enorme por superar el nivel de recetario o de manual, para configurar una técnica, una metodología e incluso una teoría de la creación colectiva. Será necesario y conveniente retomar este debate y evaluar sus logros, sus desaciertos y sus transformaciones. La dramaturgia latinoamericana actual ya ha aprovechado mucho de la creación colectiva, pero ésta se ha diluido en otras aproximaciones al montaje y la escritura teatral como. por ejemplo, la dramaturgia de actor. Es posible ya, en vistas a este declive de la creación colectiva 'clásica', proceder a una investigación que evalúe su contribución real al teatro de la región.

La distinción básica de Keržencev, como la de los teatristas latinoamericanos, tomada de Romain Rolland, es entre teatro del pueblo y teatro para el pueblo. Boal retoma estas cuestiones en su Teatro del Oprimido. De Rolland proviene la idea de un teatro y hasta de una energía teatral creativa que abarca toda la esfera social: se trata de que el pueblo elabore su propia epopeya revolucionaria mediante un teatro de acción, muy dinámico, no restringido a la sala, sino expandido en las plazas, los mercados y la calle y casi constituido como una fiesta. Se insinúan desde allí rasgos que hoy llamaríamos de artivismo, como en las protestas callejeras cuya performatividad pueden alcanzar dicho carácter festivo. No se trata, para Keržencev, de crear un teatro popular entendido como teatro "para" el pueblo, ni siquiera dando acceso a los obreros al Teatro de Arte de Moscú, o anulando la diferencia entre escenario y platea, o reduciendo el precio de las entradas, sino de promover un teatro "del" pueblo, es decir, poniendo las bases para que el pueblo mismo haga teatro, expresando sus preocupaciones y sueños y haciéndolos agentes de su propia estética. (35). En este sentido, el autor anticipa lo que hoy denominamos "teatro comunitario", que tiene en muchos países, especial-mente Argentina, un desarrollo considerable. Nuevamente, no es cuestión de reformar el teatro haciendo espectáculos para un "público popular" (entrecomillado por Keržencev), sino de revolucionarlo, es decir, dándole los medios de producción para que ellos produzcan su propio teatro. Como nos dice Cruciani, Keržencev ve el club y la escuela de teatro como base del nuevo teatro, célula civilizadora y centrípeta de la cual el teatro es el momento más socializante y pedagógico (xxiii). En la nueva sociedad, nos dice, el teatro va a configurar un elemento de educación y formación de la masa, como ocurría en la sociedad burguesa con la escuela y la universidad (158).

De ahí que, al comienzo mismo de *El teatro creativo*, Keržencev señale los puntos de mayor controversia que, sin duda, son los que reaparecieron en América Latina a partir de los 60: la participación del público, la improvisación, el espectáculo de masa al aire libre y la creación colectiva (3). Una revisión de las propuestas latinoamericanas de creación colectiva puede fácilmente demostrarnos la dificultad que, por ejemplo, apareció, y todavía aparece, al momento de teorizar la participación, es decir, no la posición crítica al estilo brechtiano del espectador, sino la conversión del espectador en participante, con todas las consecuencias políticas que esto significa y la dinámica social que abre (51). Keržencev insiste que su proyecto no se limita a promover que el espectador "recite con" el actor, cante junto con el escenario o clausure el espectáculo con una fiesta o cantando la Internacional, tal como ocurría en la Rusia del momento y todavía ocurre. Se trata de colectivizar la producción teatral, hacer que el espectador se convierta en co-autor del espectáculo (53). Este aspecto, tan crucial para la Rusia de entonces o para la Revolución Cubana, tan ligado a los ácidos debates surgidos de las investigaciones sobre el público, sea desde la reflexología como del conductismo, sigue sin resolver aún hoy y, hasta donde llega mi conocimiento, no ha habido ningún esfuerzo teórico por resolverlo.

La participación y el rol del público como co-autor fue, como sabemos, preocupación muy precisa de muchos grupos latinoamericanos. Santiago García, por ejemplo, discute este aspecto muy detalladamente en su libro *Teoría y práctica del teatro*. Sin embargo, el concepto de teoría que tienen los teatristas latinoamericanos no va más allá, como en Santiago García o en Enrique Buenaventura, de una modelización de la práctica teatral por medio de algunos esquemas estructuralistas proveídos por la lingüística o la semiótica de la década de los sesenta y setenta. Esta modelización, que acomoda de alguna manera experiencias difíciles de describir, está obviamente muy lejos de ser teoría en sentido fuerte, en sentido dialéctico y en sentido productivo. El modelo es aplicable, pero una teoría es un campo de conceptos abstractos que operan en contexto de descubrimiento. Una teoría es lo que soporta una praxis, la cual es, en principio, inaplicable. Tal vez hoy tendríamos que partir, más que de cierta ortodoxia de la creación colectiva, de Enrique Buenaventura, especialmente de una temprana charla a los actores del TEC en 1969 sobre "La elaboración de los sueños y la improvisación teatral". Allí asoma un campo de cuestiones que van más allá de la lingüística formal; en efecto, al introducir el psicoanálisis y teorizar a partir del inconsciente y su relevancia en la práctica teatral, Buenaventura se ve necesitado de un instrumental conceptual más conjetural y menos modelizante, tal como, por ejemplo, los conceptos de significante, metáfora y metonimia tal como aparecen teorizados por Lacan. Se presiente allí un nuevo horizonte dramatúrgico que, de haber continuado, hubiera llevado, tempranamente, a articular conceptos puntuales como el fantasma, la temporalidad durante el ensayo teatral, el deseo y la demanda, el goce, la transferencia, etc., tal como, no por casualidad, van a desarrollarse en la dramaturgia argentina, siendo Buenos Aires la capital latinoamericana del psicoanálisis (Geirola 2006, 2007b, 2008). Basta aproximarse a la dramaturgia de Eduardo Pavlovsky y de Ricardo Bartís, para apreciar el surgimiento de una dinámica de trabajo teatral muy diferente a la creación colectiva, en sus propuestas y en su tradición teórica.[42]

Keržencev revisa la actividad teatral de ese momento post-revolucionario y encuentra que hay un gran florecimiento del cabaret en los teatros pequeños de las capitales europeas, así como también una glorificación, casi religiosa, del music-hall en las grandes ciudades americanas (9). El cabaret y el teatro de cámara, con su constante apelación al público, con su dinámica conversación, han eliminado de alguna manera la barrera entre la escena y el espectador y, con su canibalismo de la crisis social, han logrado cierta crítica de la vida capitalista. Pero, a los ojos de Keržencev, ambos se quedan en lo puramente técnico y además siguen siendo un teatro de minorías involucrado en el entretenimiento de unos pocos (32). Al dar una mirada al estado del teatro europeo moderno, constata la falta de un repertorio y la casi la total escasez de dramaturgos, especialmente interesados en un teatro que vaya más allá de la burguesía y de la búsqueda de fama y dinero. Además, la representación de un drama sigue en todas partes un modelo fijo y preciso, con una separación cada vez más marcada entre el actor y el espectador y con una insistencia cada vez mayor en la pasividad del público. Sin embargo, Keržencev piensa que un repertorio viejo representado por una compañía obrera y para un público obrero tomará sin duda un nuevo aspecto (77).

Compara la producción dramática y teatral burguesa, europea y capitalista, con el teatro japonés que, desde su perspectiva, no ha sido

---

[42] Leer, por ejemplo, la "Entrevista a Ricardo Bartís" en Geirola 2007a. 125-145

superado en muchos aspectos. Keržencev se siente atraído por el uso de la música, del ritmo que preparan la acción dramática y calibran el movimiento de los actores. Asimismo, tanto en el teatro de marionetas como en el teatro japonés, le atrae el uso de actores vestidos de negro que se hacen invisibles tanto en el manejo de los muñecos como en el cambio de la escenografía (21). La danza tiene para él un lugar privilegiado en el teatro popular porque se remonta hasta las raíces más antiguas de la expresión teatral. La burguesía, nos dice, ha separado a las artes, ha promovido escisiones y aislamientos, especializaciones y dispersiones entre las artes y los géneros afines, pero la nueva era revolucionaria abre la posibilidad de unificar creativamente los diversos géneros del arte en la representación teatral (23).

En cuanto a las relaciones del teatro con la literatura, Keržencev afirma que ambas están estrechamente imbricadas. El arte de la palabra tiene contactos puntuales con la pintura, la música y otros géneros artísticos, pero el teatro en su totalidad no puede existir sin la literatura. En la pantomima, nos dice, hay ausencia de palabra, pero la trama está ligada a la literatura (22). En el drama moderno europeo, Keržencev rechaza esa forma de representar el destino cruel que hace vanas las cosas humanas, el culto místico a lo desconocido, a lo irracional.

Los problemas de su proyecto no se hacen esperar. ¿Cuál será la forma organizativa del teatro proletario? ¿Cómo se formará a los futuros actores? ¿Cómo se promoverá el acceso a la creación colectiva y a la aparición de un nuevo repertorio? ¿Cómo reconsiderar el pasado teatral y las tradiciones? ¿Cómo establecer una relación orgánica entre el teatro proletario y el teatro campesino? ¿Cómo hacer teatro en una sociedad todavía dividida en clases? ¿Cómo plantear un nuevo teatro frente a un público todavía no homogéneo, compuesto de todos los estratos de la sociedad y con una amplia gama de visiones del mundo (48)? En el teatro burgués suele haber un empresario o bien el Estado que, contrariamente a lo que se piensa, no garantizan la libertad artística de los teatristas, sino que imponen sus repertorios y fijan las condiciones de trabajo (169). Los artistas burgueses, además, incluso aquellos con afanes populares y preocupados por la decadencia del capitalismo y la transición a la nueva sociedad, en su acendrado individualismo, piensan el nuevo teatro como un teatro religioso, medieval. Sin embargo, en contraste con el sentido misionero de algunos teatristas latinoamericanos de los 60, Keržencev piensa, contrariamente a aquellos que someten la categoría estética a la religiosa, que esa celebración colectiva que anula la separación entre actor y espectador, no debe someterse a dicho factor religioso, el cual está muy lejos del teatro proletario futuro (49).

Keržencev propone varias vías, incluso etapas, para alcanzar los objetivos de un teatro proletario. Por un lado, la necesidad de la nacionalización del teatro burgués, es decir, el pasaje del teatro a escala nacional al poder central. Además, propone la municipalización, es decir, la organización del teatro a través del soviet local (160). Es importante subrayar aquí que Keržencev no piensa que esto pueda hacerse de un día para el otro. Según él, el teatro proletario surgirá en la medida en que se fomente el "teatro vecinal" o "teatro de distrito" y también el teatro en los lugares de trabajo, especialmente en las fábricas (56), a fin de sentar las bases para una verdadera unión entre el teatro y la masa (57). Esta actividad teatral no requiere de salas especializadas; los grupos presentarán sus trabajos en la calle y en la plaza (63). El teatro no está concebido como una tarea adjunta, satélite de alguna otra considerada más importante o esencial. Por el contrario, para Keržencev el teatro debe permanecer como un laboratorio perpetuo donde se enseñe y se imparta un adiestramiento útil para toda la vida social, donde se genera una energía y entusiasmos cotidianos, donde se debuta cada día y donde no hay roles principales o secundarios (58, 60). El teatro se presentará así como algo accesible a todos y, lo más importante, no necesariamente como espectáculo, sino como arena para la creación teatral (59). Para ello, además de enviar a barrios marginales y provincias a los actores profesionales cuando se llegue a la etapa de la nacionalización, hay que contar con el aporte de los aficionados.

El rol de los aficionados en el teatro de la transición fue muy discutido. En general, muchos propugnaban la total cancelación del aporte aficionado a las tareas de construcción de un teatro proletario, pero Keržencev cree que hay que salvaguardar este aporte (58), ya que, como se ha comprobado para el teatro burgués, los aficionados constituyeron antes y pueden constituir en la nueva sociedad una alternativa de renovación teatral. La especialización de los obreros en el campo del arte, la profesionalización, es algo que se irá logrando en etapas más avanzadas del proceso, aunque hay que aclarar que no debe concebirse ésta como una dedicación a formar "buenos actores", sino a la producción colectiva de un repertorio socialista (60). Nunca estos actores pueden perder contacto con la masa obrera (66). La escuela teatral proletaria tiene como objetivo elaborar una técnica propia y además debe proveer lo indispensable para que el obrero realice por sí mismo un trabajo posterior (71). Todavía nos falta, en América Latina, una evaluación histórica de los desarrollos soviéticos y de nuestra propia experiencia con algunos de los postulados derivados de aquella experiencia, implementados por la izquierda de nuestros países. Como sabemos, muchas de estas tesis de Keržencev tuvieron un primer momento de energización del panorama teatral soviético; otras no se realizaron; otras derivaron en un enorme aparato de burocratización y control estatal y finalmente otras decididamente fracasaron.

La dramaturgia es un tema muy problemático en una sociedad en transición al socialismo. ¿Qué representar? ¿En qué forma? ¿Cómo van a ser las obras y las puestas en escena del nuevo teatro? Keržencev revisa muchas cuestiones y muchos artistas latinoamericanos también lo hicieron durante las décadas del sesenta y setenta del siglo XX. Partiendo de Romain Rolland, Keržencev sugiere en algunos momentos impulsar la fiesta popular y el drama histórico (65) —siempre acompañados de grandiosidad musical— y, frente a los grandes espectáculos masivos de la Rusia de ese momento, se interesa también por ellos. Keržencev define la fiesta popular como una participación gozosa, colectiva y eufórica de la masa, sin distinción de clase (110). La fiesta popular, en tanto lucha real contra la religión (117), es como un estimulante que brinda energía a la masa y, por tal motivo, Keržencev cree indispensable —nuevamente con su estrategia instrumentalista-utilitarista— involucrar a los obreros en la organización de las fiestas populares a fin de promover su entusiasmo por las artes: el teatro, la danza, el canto. Sostiene además que no se trata de poner nuevos temas y actores obreros jóvenes a representar manteniendo el viejo formato. La tarea es más ardua y difícil: se trata otra vez de introducir un nuevo sistema de trabajo teatral, que apunte a una nueva repre-sentación y a una nueva dramaturgia. El contenido del arte debe ser completamente un contenido nuevo (68). El problema aquí surge al momento de reclutar los actores: hay que asegurarse que todos provengan del medio proletario. Sin embargo, como esto parecía muy difícil de lograr, debido a la múltiple extracción de clase de los obreros en una sociedad en transición, parte del proyecto de Keržencev contempla la necesidad de formar a las nuevas generaciones (140). De ahí que una de las grandes preocupaciones de la Rusia de ese entonces fuera el teatro de y para niños. Keržencev piensa que no hay que temer que el actor profesional de la burguesía o el aficionado no proletario pongan en peligro la existencia de un teatro proletario entre los obreros. Por el contrario, Keržencev confía que el ambiente obrero asimilará al actor profesional o aficionado y lo pondrá al servicio del proletariado (70).

Demás está decir que esta cuestión no fue demasiado debatida por los teatristas latinoamericanos cuando se planteaban promover un teatro popular, ya que no siempre quedaba claro la alternativa de Romain Rolland entre teatro *para* y *del* pueblo, ni tampoco la consistencia clasista de ese pueblo. Asumían que la conciencia de clase era fácilmente modelable, adaptable y representable y que el contacto con las organizaciones obreras iba a dar por resultado un teatro nuevo. Los movía una fe, una *religión* política —válida y a la vez cuestionable en cuanto fe— pero estaba muy lejos de ser un proceso de fácil desaprendizaje, para usar términos de los postcolonialistas. La metodología de la creación colectiva en América Latina todavía está necesitada de una investigación exhaustiva sobre la conformación clasista de los grupos (al menos los más famosos). Tal como está la bibliografía, con algún participante proveniente de la clase obrera, todo parece indicar que los grupos provenían de una clase media, con formación intelectual. Queda también por evaluar el grado de familiarización y convivencia con los sectores obreros. No es el caso de otros grupos, como el Teatro Escambray, cuya tarea tiene más relación con los grupos campesinos que con el campo obrero urbano. Ni tampoco es el caso del Teatro de los Andes que, aunque reclute algunos actores de extracción obrera, no parece estar interesado en realizar un trabajo de colectivización del trabajo actoral. La creación colectiva, además, parece desa-rrollarse y transformarse muy rápidamente, tal como lo demuestran los textos, manifiestos y sobre todo el material publicado en revistas como *Conjunto*, líder indiscutible del trabajo teatral en América Latina por muchos años. Habría que tratar de periodizar, de conformar etapas por medio de la detección de reacomodamientos discursivos, aparición y desaparición de términos, nociones y/o conceptos, cambios de liderazgos, procedimientos de trabajo, etc. La constante preocupación de estos grupos por justificar su relación con el público, las insistencias en la investigación basada en incursiones etnográficas a los grupos marginales, la mayoría de las veces campesinos, permite suponer que fue un trabajo angustioso y angustiado (en sentido psicoanalítico), es decir, como una situación de desamparo, como una señal de aislamiento frente al público que se pretendía no sólo alcanzar sino, algo más peligroso aún, representar.[43]

Keržencev ha detallado las condiciones que todo trabajo teatral colectivo requiere. Es interesante cotejar su propuesta con lo que luego tomó forma en América Latina. Cada participante tiene que poder ser capaz de colaborar en todas las etapas de la creación, analizar el texto del

---

[43] Las distintas definiciones y etiologías de la angustia en el campo psicoanalítico (sea en la doble versión freudiana, o las posteriores discusiones del campo lacaniano y kleiniano) podrían ser, indudablemente, una buena guía para comenzar una teorización político-cultural e ideológica sobre la creación colectiva y los grupos que la practicaron. Bastaría hoy leer los textos que surgieron en algunos grupos para medir el grado de fetichización y fobia que, como elementos esperables, anunciables, calculables, parecen estar dando cuenta de esa protección contra a la angustia. A diferencia de la fobia, que se presenta como un miedo a un objeto, Lacan define la angustia en el *Seminario 4* como "correlativa del momento de suspensión del sujeto, en un tiempo en el que ya no sabe dónde está, hacia un tiempo en el que se va a ser algo en lo que ya nunca podrá reconocerse" (228). Si la angustia, según el Lacan del *Seminario 8*, es una señal que advierte al rebaño del peligro, es evidente que la angustia puede provenir no del sujeto mismo sino del otro, y en ese sentido, a diferencia del rebaño animal, para el sujeto humano "el enemigo es él mismo" (408). Y agrega: "Lo que es verdadero en el plano de lo individual, ese peligro interno, es verdad también en el plano de lo colectivo. El peligro en el interior del sujeto es el mismo que el peligro en el interior del rebaño" (409). ¿Qué objeto eran los grupos de creación colectiva para el deseo del Otro? ¿Qué goce anidaba en el cuerpo de los grupos, abrumándolos y hasta autodestruyéndolos? Lacan dedicará todo el *Seminario 10* a la angustia, en el cual introduce su famoso objeto *a*. No vamos a explayarnos sobre este tema, solo baste decir que el vocablo 'rebaño' hace lazo con los textos y el vocabulario nietzscheanos.

drama y de su rol, representar su personaje en escena y conocer la parte musical del drama, dar su interpretación del drama, trabajar en conjunto con los otros actores, con todos los técnicos y con el director. El rol del director puede ser cubierto por cualquier integrante del grupo y todo el grupo puede dirigir, pero al momento de una puesta efectiva, este rol quedará a cargo de una persona. El texto del drama es apenas un punto de partida, cuyo aspecto literario va a ser gradual y completamente modificado por la reelaboración colaborativa. Se deberá dar atención particular no tanto al montaje de una escena en particular, sino al espectáculo entero, es decir, a la construcción creativa de la nueva obra dramática sobre la base de un determinado tema. Se podrá involucrar al espectador a tener una participación activa en el trabajo de la puesta en escena, tanto desde el punto de vista de realizar una discusión crítica de lo que se le ofrece, como de incitarle a participar en las escenas de masa (90-91). Según Keržencev, estas condiciones no aseguran que se logre un teatro proletario, así como tampoco hay que eliminar la posibilidad de que un espectáculo proletario, que responda a la nueva época, surja de una creación individual (91).

Esta metodología puede, además, servir para trabajar sobre cualquier género, sea la ópera, la tragedia o la sátira y, fundamentalmente, debe propender a generar una nueva forma de acción y representación teatral (92), apelando a la participación del espectador, como por ejemplo la introducción de imágenes cinematográficas o el viejo procedimiento de la lectura de un prólogo que anticipe la acción, incluso un programa de mano donde el argumento quede expansivamente detallado. La idea es presentar textos que provoquen al espectador a participar (92). Keržencev atribuye gran importancia a la preparación de los espectadores para el espectáculo, pues, nos dice, sin eso resulta impensable una revolución teatral (94). A diferencia de nuestros teatristas latinoamericanos, Keržencev insiste, una vez más, en que una revolución teatral no surge de tal o cual método técnico, sino de una transformación completa de los fundamentos teatrales (96). En este sentido, queda por evaluar hasta qué punto muchas experiencias latinoamericanas con la creación colectiva no quedaron atrapadas en el registro imaginario —para usar términos lacanianos— fascinados por el contenido político de sus propuestas, pero dejando sin cuestionar la política de la mirada —el registro simbólico del teatro— que imponía la tradición teatral burguesa, especialmente con su formato a la italiana (no necesariamente contenida en un edificio, sino fácilmente transportable a lugares alternativos o, incluso, a plazas públicas en el teatro callejero).

En cuanto a la improvisación, Keržencev no favorece una experiencia en la que el intérprete sea totalmente libre, sino que prefiere una improvisación guiada, controlada por el integrante del grupo que haya asumido la dirección, que sabe cuál es la unidad y el ritmo del espectáculo (99).

Las relaciones del teatro campesino con el teatro proletario son muy complejas. Keržencev sostiene que el teatro proletario debe prevalecer sobre el teatro campesino (120). El campesinado —en Rusia como en Cuba— resiste la revolución en la medida en que conservan la influencia del pasado burgués y pequeño burgués (123). La expresión "teatro obrero y campesino" le parece a Keržencev bastante imprecisa, en tanto el teatro es una manifestación de la cultura y eso podría hacer pensar, nos dice, que existe una cultura obrera y una cultura campesina. De lo que se trata es de la sustitución de la cultura burguesa por la cultura proletaria. En este sentido, la expresión "teatro campesino" es tan genérica y vaga como el concepto de mundo agrícola. Desde el punto de vista cultural –enfatiza– el teatro campesino será siempre el típico teatro de la pequeña burguesía, siendo la espontaneidad su regla fundamental (120-1).

No se le escapan a Keržencev las relaciones entre teatro y cine. Es la masa la que ha determinado el éxito del cinematógrafo. Debido a su particularidad técnica, a la relativa economicidad, a su gran transportabilidad, a la extraordinaria variedad de su repertorio, el cine ha impregnado todos los rincones de la nación, desde una pequeña aldea hasta los más remotos lugares. Sin duda, este capítulo es el más envejecido de su libro debido al desarrollo del cine hasta 1923. Sea porque trata temas banales o primitivos, sea porque pocas veces trata la vida de las grandes masas; el cine, no obstante, se ha adaptado muy bien a traducir en imágenes de arte la grandiosidad técnica de la acción de las masas, el fuerte contraste psicológico en la interioridad del pueblo, especialmente en esos casos en que produce las grandes epopeyas de los conflictos sociales (133).

Más interesante resulta una afirmación de Keržencev en el capítulo dedicado a las relaciones de "Teatro y Escuela". En efecto, allí acentúa la importancia de la formación de los niños proletarios a quienes hay que formar en la nueva sensibilidad artística de la nueva sociedad. Será justamente la nueva generación que ha crecido en la revolución socialista y que no ha bebido el veneno capitalista la más capacitada para desarrollar el teatro socialista soñado (140). Keržencev cree que hay que involucrar a los niños en las celebraciones escolares siguiendo los métodos de la creación colectiva, porque de esa manera van a ir definiendo el sentido del teatro, ya no con la evocación burguesa de la sala, el escenario, la platea, sino con la práctica teatral misma que los capacitará gradualmente para lograr su expresión en el campo del arte y por medio del arte. Aquí Keržencev tiene una intuición que no encontramos muy desarrollada en los teatristas y teatreros latinoamericanos: la teatralidad de la vida social. No le preocupa tanto la teatralidad del teatro como el aprendizaje de esos niños respecto de la teatralidad social. Keržencev percibe lo social como una representación: el territorio del teatro —nos dice— es muy amplio. Muchos aspectos de la vida están filtrados de elementos teatrales y el teatro ocupa muchos espacios de nuestra vida, más de lo que se puede apreciar a primera vista (141). Al plantear la teatralidad de lo social, tanto la improvisación como la creación colectiva —bases del nuevo espectáculo proletario (189), el método popular del adiestramiento teatral (190)— toman una dimensión cultural que no se visualiza en nuestra experiencia latinoamericana. En efecto, los teatristas y teatreros latinoamericanos estuvieron más obsesionados con las relaciones entre la creación colectiva o el teatro y una supuesta realidad, siempre muy mal definida o definida muy inocentemente, como algo fuera del lenguaje. Ese teatro burgués es el que precisamente plantea la escena como una representación (de ahí las discusiones sobre la exactitud de esta representación, especialmente en el realismo-naturalismo) de la realidad concebida como algo fuera de toda semiosis. Y es este teatro burgués, como representación, lo que Keržencev percibe como un museo (154), como una reliquia histórica

(156), como un espacio expositivo, exhibicionista, de un acontecimiento que, cualquiera sea el compromiso ideológico que lo funda, pasiviza al espectador poniéndolo en actitud contemplativa y distanciada.

El nuevo teatro, en cambio, concebido como una teatralización particular de la teatralidad social general —empezando por el *agit prop*, pero no limitándose a eso (193)— va a inspirar un entusiasmo ardiente, no tanto porque ponga en escena colectivamente y como experiencia también colectiva una acción grandiosa, heroica, revolucionaria, sino porque —dejando de lado la ópera y el ballet— va a crear la tragedia en la que la masa es el personaje principal (167). Aunque en un momento señala la importancia de la sátira (194) en este proceso de transición, es interesante que Keržencev postule la tragedia como género fundamental, cosa que nunca aparece en el horizonte de los teatristas latinoamericanos. Las consecuencias de esta postulación son innumerables, pero no podemos trabajarlas en los límites de este ensayo.

Bibliografía

Buenaventura, Enrique. "La elaboración de los Sueños y la Improvisación Teatral". En Buenaventura, Enrique y Jacqueline Vidal. *Esquema General del Método de Trabajo Colectivo del Teatro Experimental de Cali y otros ensayos*. Maracaibo: Universidad de Zulia, 2005. 55-65.
Geirola, Gustavo. *Teatralidad y experiencia política en América Latina*. 1ra. Ed. Irvine, California: Gestos, 2000. 2da. Ed. Buenos Aires/Los Ángeles: Argus-a Artes y Humanidades/Arts & Humanities, 2018.
---. "Ensayando la lógica o la lógica del ensayo: construcción de personaje y temporalidad de la certeza subjetiva". *Teatro XXI* 12.23 (2006): 35-48.
---. *Arte y oficio del director teatral en América Latina: Argentina, Chile, Paraguay y Uruguay*. Buenos Aires: Nueva Generación, 2007a.
---. "Argentina en Cádiz: El psicoanálisis, la nueva dramaturgia y las poéticas actorales". En Beatriz Rizk y Luis Ramos-García, eds. *Panorama de las artes escénicas ibérico y latinoamericanas: Homenaje al Festival Iberoamericano de Cádiz*. Minneapolis-Cádiz: University of Minnesota and Patronato de FIT de Cádiz, 2007b. 55-82.
---. "Aproximación psicoanalítica al ensayo teatral: notas preliminares al concepto de transferencia y el deseo del director". *Aithesis, Revista Chilena de Estudios Estéticos* 46 (2009): 252-269.
Keržencev, Platon Michailovic. *Il Teatro Creativo. Teatro proletario negli anni '20 in Rusia*, con traducción e introducción de Frabrizio Cruziani. Roma: Bulzoni Editore, 1979.
Leach, Robert. *Revolutionary Theatre*. London and New York: Routledge, 1994.
Rolland, Romain. *The People's Theater*. New York: Henry Holt and Co., 1918.
Rudnitsky, Konstantin. *Russian and Soviet Theatre. Tradition and Avant-Garde*. New York: Thames & Hudson, 1998.

Para este ensayo, sigo la edición italiana de *Il Teatro Creativo. Teatro proletario negli anni '20 in Rusia*, con traducción e introducción de Frabrizio Cruziani. Hasta donde llegan mis investigaciones, el libro sólo cuenta con esta traducción y otra al alemán. El único ejemplar en italiano que pude localizar en el sistema de bibliotecas de California se hallaba en la Universidad de California Los Ángeles UCLA. Como mis traducciones no son literales, no uso comillas. Sin embargo, agrego las páginas de las cuales he tomado las citas que parafraseo..

Otras publicaciones de Argus-*a*:

Eduardo R. Scarano (compilador)
Racionalidad política de las ciencias y de la tecnología.
Ensayos en homenaje a Ricardo J. Gómez

Virgen Gutiérrez
Con voz de mujer. Entrevistas

Alicia Montes y María Cristina Ares, compiladoras
Régimen escópico y experiencia.
Figuraciones de la mirada y el cuerpo
en la literatura y las artes

Adriana Libonatti y Alicia Serna
De la calle al mundo
Recorridos, imágenes y sentidos en Fuerza Bruta

Laura López Fernández y Luis Mora-Ballesteros (Coords.)
Transgresiones en las letras iberoamericanas:
visiones del lenguaje poético

María Natacha Koss
Mitos y territorios teatrales

Mary Anne Junqueira
A toda vela
El viaje científico de los Estados Unidos:
U.S. Exploring Expedition (1838-1842)

Lyu Xiaoxiao
La fraseología de la alimentación y gastronomía en español.
Léxico y contenido metafórico

Gustavo Geirola
Grotowski soy yo.
Una lectura para la praxis teatral en tiempos de catástrofe

Alicia Montes y María Cristina Ares, comps.
Cuerpo y violencia. De la inermidad a la heterotopía

Gustavo Geirola, comp.
Elocuencia del cuerpo.
Ensayos en homenaje a Isabel Sarli

Lola Proaño Gómez
Poética, Política y Ruptura.
La Revolución Argentina (1966-73): experimento frustrado
De imposición liberal y "normalización" de la economía

Marcelo Donato
El telón de Picasso

Víctor Díaz Esteves y Rodolfo Hlousek Astudillo
Semblanzas y discursos de agrupaciones culturales
con bases territoriales en La Araucanía

Sandra Gasparini
Las horas nocturnas.
Diez lecturas sobre terror, fantástico y ciencia

Mario A. Rojas, editor
Joaquín Murrieta de Brígido Caro.
Un drama inédito del legendario bandido

Alicia Poderti
Casiopea. Vivir en las redes. Ingeniería lingüística y ciber-espacio

Gustavo Geirola
Sueño Improvisación. Teatro.
Ensayos sobre la praxis teatral

Jorge Rosas Godoy y Edith Cerda Osses
Condición posthistórica o Manifestación poliexpresiva.
Una perturbación sensible

Alicia Montes y María Cristina Ares
Política y estética de los cuerpos.
Distribución de lo sensible en la literatura y las artes visuales

Karina Mauro (Compiladora)
Artes y producción de conocimiento.
Experiencias de integración de las artes en la universidad

Jorge Poveda
La parergonalidad en el teatro.
Deconstrucción del arte de la escena
como coeficiente de sus múltiples encuadramientos

Gustavo Geirola
El espacio regional del mundo de Hugo Foguet

Domingo Adame y Nicolás Núñez
Transteatro: Entre, a través y más allá del Teatro

Yaima Redonet Sánchez
Un día en el solar, expresión de la cubanidad de Alberto Alonso

Gustavo Geirola
Dramaturgia de frontera/Dramaturgias del crimen.
A propósito de los teatristas del norte de México

Virgen Gutiérrez
Mujeres de entre mares. Entrevistas

Ileana Baeza Lope
Sara García: ícono cinematográfico nacional mexicano, abuela y lesbiana

Gustavo Geirola
Teatralidad y experiencia política en América Latina (1957-1977)

Domingo Adame
Más allá de la gesticulación. Ensayos sobre teatro y cultura en México

Alicia Montes y María Cristina Ares (compiladoras)
Cuerpos presentes. Figuraciones de la muerte, la enfermedad, la anomalía y el sacrificio.

Lola Proaño Gómez y Lorena Verzero / Compiladoras y editoras
Perspectivas políticas de la escena latinoamericana. Diálogos en tiempo presente

Gustavo Geirola
Praxis teatral. Saberes y enseñanza. Reflexiones a partir del teatro argentino reciente

Alicia Montes
De los cuerpos travestis a los cuerpos zombis. La carne como figura de la historia

Lola Proaño - Gustavo Geirola
¡Todo a Pulmón! Entrevistas a diez teatristas argentinos

Germán Pitta Bonilla
La nación y sus narrativas corporales. Fluctuaciones del cuerpo femenino en la novela sentimental uruguaya del siglo XIX (1880-1907)

Robert Simon
To A Nação, with Love: The Politics of Language through Angolan Poetry

Jorge Rosas Godoy
Poliexpresión o la des-integración de las formas en/desde La nueva novela *de Juan Luis Martínez*

María Elena Elmiger
DUELO: Íntimo. Privado. Público

María Fernández-Lamarque
Espacios posmodernos en la literature latinoamericana contemporánea: Distopías y heterotopíaa

Gabriela Abad
Escena y escenarios en la transferencia

Carlos María Alsina
De Stanislavski a Brecht: las acciones físicas. Teoría y práctica de procedimientos actorales de construcción teatral

Áqis Núcleo de Pesquisas Sobre Processos de Criação Artística
Florianópolis
Falas sobre o coletivo. Entrevistas sobre teatro de grupo

Áqis Núcleo de Pesquisas Sobre Processos de Criação Artística
Florianópolis
Teatro e experiências do real (Quatro Estudos)

Gustavo Geirola
El oriente deseado. Aproximación lacaniana a Rubén Darío.

Gustavo Geirola
Arte y oficio del director teatral en América Latina. Tomo I México - Perú

Gustavo Geirola
Arte y oficio del director teatral en América Latina. Tomo II. Argentina – Chile – Paragua – Uruguay

Gustavo Geirola
Arte y oficio del director teatral en América Latina. Tomo III Colombia y Venezuela

Gustavo Geirola
Arte y oficio del director teatral en América Latina. Tomo IV Bolivia - Brasil - Ecuador

Gustavo Geirola
Arte y oficio del director teatral en América Latina. Tomo V. Centroamérica – Estados Unidos

Gustavo Geirola
Arte y oficio del director teatral en América Latina. Tomo VI Cuba- Puerto Rico - República Dominicana

Gustavo Geirola
Ensayo teatral, actuación y puesta en escena. Notas introductorias sobre psicoanálisis y praxis teatral en Stanislavski

Argus-*a*
Artes y Humanidades / Arts & Humanities
Los Ángeles – Buenos Aires
2022

www.ingramcontent.com/pod-product-compliance
Lightning Source LLC
Chambersburg PA
CBHW020806160426
43192CB00006B/464